रूह के रंग

(कविताएँ)

रूह के रंग

डॉ. अशोक विज

हिन्द युग्म
hindyugm.com
BLUE

ISBN : 978-81-951286-4-8

प्रकाशक:
हिंद युग्म ब्लू
सी-31, सेक्टर-20, नोएडा (उ.प्र.)-201301
फ़ोन- +91-120-4374046

मुद्रक : श्री मैत्रे प्रिंटेक प्रा. लि., ए-84, सेक्टर-2, नोएडा
कला-निर्देशन : विजेन्द्र एस विज

पहला संस्करण : 2021
मूल्य : ₹150

Rooh Ke Rang
A collection of poems by *Dr. Ashok Vij*

Published By
Hind Yugm Blue
C-31, Sector-20, Noida (UP)-201301
Phone- +91-120-4374046
Email : sampadak@hindyugm.com
Website : www.hindyugm.com

First Edition : 2021
Price : ₹150

यह संकलन मेरे स्वर्गीय पिता, मेरे पथप्रदर्शक एवं
मेरे गुरु श्री हरबंस लाल विज जी को समर्पित है
जिन्होंने मुझे उच्च सिद्धांतों के साथ सादा जीवन
जीने के लिए सदैव प्रेरित किया।

भूमिका

डॉक्टर अशोक विज यानी डॉक्टर साहब। डॉक्टर साहब को जानते-बूझते तीन दशक से अधिक बीत गए। गर्मियाँ, सर्दियाँ, बारिशें, आईं और चली गईं पर डॉक्टर साहब का हाव-भाव, आचरण यथावत बना रहा। उनमें मैं हमेशा अनूठी स्थितप्रज्ञता पाता था। 'सावन हरे न भादों सूखे' की तर्ज़ पर वे हमेशा एक जैसे दीखते। अपने पेशे में दक्ष और मैत्री के स्तर पर हमेशा गंभीर और साथ निभाने वाले। 'पर क्या उनकी शख्सियत बस इतने में ही सीमित है ?', ये सवाल मेरे मन में उठता ही नहीं अगर एक शाम उनका फोन न आता कि मैंने अपनी कविताओं का एक संग्रह तैयार किया है, आप उसे देख लें। 'अरे आप कवि भी हैं', मेरे मुँह से बेसाख्ता निकला। अब, जब 'रूह के रंग' से रंगा हुआ, मुझे यह कहने में कोई संकोच नहीं कि 'अपनों' को भी जानने के लिए एक जन्म नाकाफ़ी होता है, हालाँकि, इसी जन्म में हमें सब कुछ जानना-बूझना होता है।

डॉ. अशोक विज की कविताओं को अगर पढ़ना शुरू कीजिए, तो आपको हिमालय जैसी शीतल स्थितप्रज्ञता और हिंद महासागर जैसी प्रगल्भता एक साथ देखने को मिलेगी। भूगोल में कभी पढ़ा था कि जहां सागर है, वहाँ कभी पर्वत थे और जहां पहाड़ हैं वहाँ समुद्र हुआ करता था। ऐसे ही भावनाओं की पर्वत श्रृंखलाओं पर चढ़ते और उनकी सागर जैसी गहराइयों में गोते लगाते हुए डाक्टर विज के मन में जो उभरा है, वह शिल्प की दृष्टि से भले ही बहुत सधा हुआ न हो, पर भावनाओं का

उफान भला शिल्प की सीमाओं को क्यों माने! आप उनकी कविता 'ऐसा ही हूँ मैं' को दो-चार बार पढ़ें। मेरा कथन आपको अतिशयोक्ति नहीं सहजता का आख्यान लगने लगेगा। उनके शब्दों में ही-

'रचना अपने रचयिता को / परिपूर्ण करती है, संपूर्ण करती है... '

लेकिन संपूर्णता प्राप्त करने से पहले काफी डूबना, उतराना, बिखरना और संवरना होता है। उच्छृंखलता भी इसका ज़रूरी तत्व है, इसीलिए वे कहते हैं- *'मेरे शब्द उच्छृंखल हैं/ पंक्तिबद्ध रहना नहीं जानते/ व्यवस्था तोड़/ आगे बढ़ आते हैं।'*

डॉक्टर साहब ने घर में सुनी कहावतों और आम आदमी की जिंदगी के दर्शन को शब्द दिए हैं। आप भी देखें- *'चींटी का श्रम/ मकड़ी की तपस्या/ ऊँट का संय/ कठफोड़वा की एकाग्रता/ और मेरा विश्वास कि/ तुम मिलोगे अवश्य।'*

उनकी एक और कविता ने मुझे आश्चर्य में डाला। मैंने अब तक की तीस-पैंतीस सालों की लंबी अवधि में कभी उन्हें ऊँची आवाज में बोलते या भौहें टेढ़ी करते नहीं देखा था। पता नहीं वो कौन से लम्हे हैं, जब उनका यह रूप देखने को मिलता होगा-

'क्षणिक ही सही/ क्रोध व्यक्त कर लेता हूँ।

और अपना भय छिपाने को/ वाणी को क्रोध से भर लेता हूँ।'

अगर इन कविताओं की गहराई से मीमांसा करनी हो, तो उसके लिए बहुत कुछ लिखना पड़ेगा। मेरा तो बस इतना आग्रह है कि इन्हें एक बार गौर से पढ़िए, गुनिए और अपने मन के बिखरे हुए धागों को इनके साथ बुनकर देखिए। आप भी कह उठेंगे- *'अनायास ही मेरा मुझ से मिलना/ अनायास ही मेरा तुझ से मिलना/ नक्षत्रों के देव क्या चाहते हैं ?/ क्या यह भी केवल संयोग है ?/ या नियति का खेल।'*

यह संयोग ही तो है, जिसने पुराने दोस्त के अब तक अनजाने स्वरूप के दर्शन करवाए।

– शशि शेखर, प्रधान संपादक, 'हिंदुस्तान'

कविता की आत्मा

कविता से जब-जब गुज़रता हूँ उससे कवि की आत्मा की ध्वनि गूँजती सुनाई देती है। कविता है ही ऐसी विधा कि यह स्वांतः सुखाय होकर भी सबके मन की बात कहती है। हम कविताओं में कहीं-न-कहीं अपना अक्स खोज लेते हैं। जब कोई बात निरे गद्य में न कहकर किसी दोहे, चौपाई, गीत या अन्य शैलियों में कही जाती है तो वह कविता कहलाती है। कविता छंदोबद्ध भी होती है और छंदेतर भी। न छंद कविता के होने की गारंटी है, न छंद से इतर कविता का होना अपरिहार्य है। कविता भावों, विचारों और संवेदना का एक संयुक्त रसायन है जो कहे जाने पर अलग-सा ही दीखता है।

हम जीवन में अनेक रचनाओं से गुज़रते हैं। गद्य और पद्य दोनों से। कभी कोई गद्य पढ़ते हुए लगता है हम कविता की आभा से गुज़र रहे हैं और कभी पद्य पढ़ते हुए लगता है क्या ख़ूबसूरत बात कही है। यही कविता है जो चित्त को लुभा ले। तभी तो निर्मल वर्मा की कहानियाँ या रिपोर्ताज पढ़ते हुए कई लोग अनुभव करते हैं कि ऐसा गद्य तो कहीं अन्यत्र नहीं पढ़ा। हिंदी की रचनात्मकता में दारिद्र्य की शिकायत करने वाले भी निर्मल वर्मा को पढ़कर तृप्ति के एहसास से भर उठते हैं। यह एक उदाहरण भर है किंतु हर बार कविता अपना चोला बदलती है। वह वैसी ही नहीं, जैसी तुलसी की थी, सूर की थी, भारतेंदु की थी, प्रसाद की थी, पंत की थी, महादेवी की थी, निराला की थी, मुक्तिबोध की थी या

आधुनिक नवीनतम समकालीन किसी कवि की। वह बिल्कुल उस कवि की तरह अलग चेहरे-मोहरे वाली होती है- जिसकी अंत:वस्त्रता कवि परंपरा से तो जुड़ती है पर उसका अपना मुहावरा होता है, बोलचाल, कहन का ढंग होता है। डॉक्टर अशोक विज की कविताएँ इसी तरह अपने चेहरे-मोहरे वाली हैं। वे न तो सिद्ध कवियों की प्रजाति में हैं न सपाट सरलीकरणों की शिकार हैं। पर एक विज्ञानी व्यक्ति को जैसा होना चाहिए वैसे ही वे अनूठे कवि हैं।

अशोक विज की कविताओं को पढ़ते हुए लगता है- कविता का किसी के पेशे या व्यावसायिकता से कोई संबंध नहीं है। वह वाल्मीकि की कोख से भी पैदा हो सकती है और आइंस्टीन की खोपड़ी से भी। अतीत और वर्तमान में विभिन्न अनुशासनों के लोगों ने कविता को अपनी अस्थिमज्जा से सींचा व पल्लवित किया है। अशोक विज ऐसे ही कवियों में हैं जो जितने कुशल अस्थि शल्य-चिकित्सक हैं उतने ही सिद्ध सरोकारी कवि भी हैं। जैसे हमारे समय के उन्नित चिकित्सक ज्ञान चतुर्वेदी और शिरीष ढोबले या वीणा सिन्हा न केवल अच्छे लेखकों में हैं बल्कि इनके भीतर रचना का एक अलक्षित भूखंड दमकता रहता है। एक डॉक्टर के हृदय में यदि कविता पैदा हो रही है तो निश्चय ही मानिए कि यह सृष्टि बहुत उदार और मोहक है। 'रूह के रंग' की कविताएँ इस संसार-समाज-व्यक्ति, सुख-दुख, राग-विराग, भाव-अभाव, आसक्ति-अनासक्ति की ही अभिव्यक्ति नहीं हैं बल्कि ये अशोक विज के कवि-चित्त को पढने-समझने की कुंजी भी हैं।

कुछ भी रचना पीड़ा से गुज़रना है। कवि के शब्दों में रचनात्मकता एक पीड़ादायक अनुभव है। लेकिन यह पीड़ा भी प्रसव की पीड़ा जैसी है जिससे गुज़र एक रचना का जन्म होता है। रचनाकार की पीड़ा भी एक तरह की प्रसव पीड़ा है। अपनी अनुभूति और संवेदना के डार्क रूम में बैठा एक कवि कविता के साथ-साथ ख़ुद भी जन्म ले रहा होता है। कभी नीरज ने कहा था, "काँपती लौ ये सियाही ये धुआँ ये काजल।

उम्र सब अपनी इन्हें गीत बनाने में कटी।" कविता ऐसे ही अँधेरों में जुगनू की तलाश है। और केवल दर्द ही क्यों, कुँवर नारायण जी तो कहते हैं, "कविता हमारे हर्षोल्लास, संघर्ष और दुख-दर्द की स्वाभाविक अभिव्यक्ति है। वह हमारे जीवन और भाषा में रची जाती है।" अशोक विज के यहाँ भी यह भाषा चिह्नित की जा सकती है।

किसी कवि का कविता संसार कितना समृद्ध है यह उसकी कविताओं के भीतर करुणा और प्रेम के घनत्व से प्रमाणित होता है। अशोक विज की कविताओं की आँखें प्रेम और करुणा में सजल दिखती हैं। यहाँ प्रेम और अनुराग का उच्छल प्रवाह है तो शब्दों में प्रार्थना की पुकार भी। इन कविताओं में एक मानवीय कृतज्ञता दिखती है और उस परम तत्व से साक्षात् करने की ललक भी। कुँवर नारायण ने अपनी डायरी में लिखा है कि 'कविता उस सच्चाई की तरह है जिसमें कुछ भी अतीत या व्यतीत नहीं होता। सब कुछ सदा आज और अभी होता है।' विज की कविताओं में उनका अतीत भी झाँकता है और वर्तमान भी। कविताओं में भी उनकी ख़्वाहिश यही है कि तुम्हारा संग मिल जाए/ रूह को रंग मिल जाए। यह जो रूह को रंगने की बात है वह आत्मा को रंगने की बात है। पर भला निर्विकार नीरंग आत्मा पर कौन-सा रंग चढ़ सकेगा! किंतु कवि की आत्मा शब्द से मिलने वाले रस, भाव, संवेदना, ध्वनि और तत्व-चिंतन से रंगती है। कवि अपनी कल्पनाओं में लौकिक होता हुआ भी इस लोक के पार चला जाता है। यह कवि ही है जो इतनी लंबी उड़ाने भर सकता है।

कवि एक कविता में तमाम तरह की भूख की बात करता है। भूख जैसे इस जीवन की एक केंद्रीय समस्या हो। हमारे शास्त्र में तो कहा ही गया है, 'बुभुक्षितः किं न करोति पापम्' यानी भूख को रोटी चाहिए। इंद्रियों को समस्त सुख चाहिए, मृत्यु की भूख को जीवन चाहिए। किंतु कवि कहता है, आत्मा की भूख को मोक्ष चाहिए। यह कविता भी आत्मा की भूख का निवाला है। इन कविताओं में इच्छाओं के अनगिनत

अपरिमित रंग हैं, आँसुओं की एक ऐसी निर्झरिणी है जो बहती है पर दीखती नहीं। तभी तो कवि कहता है: मेरा एक आँसू किसी क्षीरसागर से कम नहीं। अशोक विज की ये कविताएँ रूह को रंगने का दुस्साध्य काम करती हैं। क्योंकि बेरंग रूह पर यदि कोई अपना रंग चढ़ा सकता है तो वह कवि ही है जो शब्दों का ही रंगरेज है। इन कविताओं के यों तो विषय अनेक हैं पर इसका केंद्रीय कथ्य यही है कि- 'जीवन की धूप में तुम्हारे शब्दों की छाया है।'

'रूह के रंग' कविताओं की ऐसी इबारत का नाम है जिसमें हृदय से संवाद करने की चेष्टाएँ हैं। उस भाव जगत, उस आनंद, उस रचनात्मक सुख को पकड़ने की चेष्टाएँ हैं जो तितलियों से पकड़ में नहीं आते। पर कवि उस बच्चे की तरह है जिसका मन इन्हीं तितलियों के पीछे भागता रहता है जिसके लिए किसी शायर ने लिखा है-

छोड़ दे कुछ नहीं है रंजिश में
आ मेरे साथ खेल बारिश में
याद कर नंगे पाँव दौड़ते थे
दूर तक तितलियों की ख़्वाहिश में।

'रूह के रंग' के लिए डॉ अशोक विज को बहुत-बहुत बधाई और हार्दिक शुभकामनाएँ!

- ओम निश्चल

जी-1/506-ए

उत्तम नगर, नई दिल्ली- 110059

मेल: dromnishchal@gmail.com

कविता क्रम

खंड- 1

मेरे शब्द

शब्द मेरी तर्जनी है,
जो आरोपित करने को
तान लेता हूँ मैं बंदूक़ की तरह।
गोला-बारूद है मेरी लेखनी का।
आकाशीय विद्युत की तड़कन है
जो गिरकर जलाना चाहती
रूढ़ियों को, कुप्रथाओं को,
कुरीतियों को।

मेरे शब्द उच्छृंखल हैं
पंक्तिबद्ध रहना नहीं जानते
व्यवस्था तोड़ आगे बढ़ आते हैं।
उनकी आवाज़ मंदिर के घंटे से,
मस्जिद की अज़ान से,
चर्च, गुरुद्वारे के गान से
अधिक बुलंद है,
बहरे आसमानों तक
अवश्य पहुँचेंगे मेरे शब्द।

रुदाली हैं मेरे शब्द!
रुदन करते हैं,
कभी अधिकार हनन पर
तो कभी जाति, वर्ग, वर्ण
के दमन पर।
चीत्कार किया है कभी
अनकहा प्रलाप भी,करुणा का रुदन
कभी कभी निर्झर सा फूटा है
अंतर्मन से मेरे।
किसी रोज़
जब सैकड़ों हज़ारों निर्झर मिलेंगे
शब्दों का सैलाब उमड़ेगा
और बह जाएँगे
अनेक सामाजिक बंधनों के बाँध,
तब आदम फिर से शुरू करेगा सृष्टि
फिर कहीं ज्ञान का फल ढूँढ़ेगा
शब्द फिर अंकुरित होंगे।

रचना

रचनात्मकता एक
पीड़ादायक अनुभव है,
रचना के लिए उसे
जीना होता है फिर से
उन पीड़ाओं को,
अवसाद के अँधेरे गलियारों से गुज़र कर,
ख़ुशियों की धूप के
कुछ टुकड़े समेटने होते हैं
प्रसूता की पीड़ा सा कष्ट लेकर
रचना का जन्म जब होता है,
एक माँ की स्मित मुस्कान सी
अधरों पर झूला झूलती है।
इसका सफ़र चाहे जितना
कंटकाकीर्ण मार्ग से होकर गुज़रे,
अंत सुखद होता है।
रचना जब चरम पर पहुँचती है
रचयिता को देती है मातृत्व सुख
उसे गौरवान्वित करती है,
रचना अपने रचयिता को
परिपूर्ण करती है, संपूर्ण करती है।

पीड़ा

पीड़ा आनंद देती है
प्रसूता जब जन्म देती है

पीड़ा लाड़ बन जाती है
जब वात्सल्य का स्पर्श पाती है

पीड़ा अनुभव बन जाती है
जब कन्या रजस्वला होती है

पीड़ा शूल बनती है
जो प्रेम की भूल बन जाती

पीड़ा उन्माद हो जाती है
जब हृदय में आघात लग जाए

पीड़ा असह्य हो जाती है
विरह की अग्नि जब जलाए

पीड़ा मार्मिक होती है
जब संतान से सुख न मिल पाए

पीड़ा की अपनी आयु,
अपनी यात्रा होती है।

सुखदायक यही है कि
हस्तरेखाओं में मुखर नहीं होती
पीड़ा छुपकर रहती है।

संयोग

संयोग ही तो था!
राम का जनक की नगरी आना
वाटिका में सीता को देखना
विश्वामित्र का धनुष उठाने को प्रेरित करना,
संयोग ही तो था!

शकुंतला का दुष्यंत से मिलना,
अँगूठी का मछली के पेट में जाना,
और फिर दुष्यंत के पास पहुँचना
संयोग ही तो था!

सम्राट अशोक का कौर्वकी से सामना,
उसका युद्ध कौशल परखना
उसे उच्चतम पद पर आसीन करना
संयोग से ही जन्मी परिस्थितियाँ थीं!

चातक का आकाश से बिलखना,
स्वाति नक्षत्र का पसीजना
स्नेहजल से उसकी प्यास का बुझना
संयोग ही तो है।

अनायास ही मेरा मुझ से मिलना,
अनायास ही मेरा तुझ से मिलना,
नक्षत्रों के देव क्या चाहते हैं?
क्या यह भी केवल संयोग है?
या नियति का खेल।

एकात्म

एक तन
एक मन
एक चाह
एक राह
और बस! एक पल मिलन का!
जैसे असंख्य इच्छाएँ जी लेना।

एक जीवन
एक वर्ष
एक मास
एक दिवस
और बस! एक क्षण प्रत्यक्ष होने का!
जैसे असंख्य स्वप्न देख लेना।

एक ध्वनि
एक अक्षर
एक शब्द
एक वाक्य
और बस! तुम्हारा एक संबोधन!
मस्तिष्क की चेतना में अनहद का गूँजना!

एक मुस्कान
एक स्पर्श
एक सहवास
एक आलिंगन
और बस! तुम्हारी उपस्थिति का आभास!
जैसे अभिसार को अग्रसर हो जाना।

एक सत्य
एक ध्यान
एक चक्र
एक समाधि
और बस! एक श्वास...
तुम्हें जी-भर जी लेने का!
जैसे असंख्य मोक्ष पा लेना।

सृष्टि

द्रव्य और ऊर्जा से
बना है ब्रह्मांड,
मैं द्रव्य और तुम ऊर्जा।
हमारे मिलन से ही
रची जाएगी सृष्टि
तभी होगा भूगोल
और होगा इतिहास,
इतिहास सृष्टि के निर्माण का
चश्मदीद गवाह होगा।
एक दिन द्रव्य
ऊर्जा में विलीन होगा,
इतिहास में यह घटना
प्रेम और समर्पण के
शीर्षक से लिखी जाएगी,
आने वाली संतति
इस इतिहास के
निर्माण की साक्षी भी होगी
और उत्तराधिकारी भी।

मौन प्रेम

हो सकता है मैं संसार का
सबसे व्यस्ततम व्यक्ति हूँ,
पर क्या तुम्हारे लिए
कुछ पलों की लड़ियाँ
इस जीवन से चुरा नहीं सकता!
कोई कहे कि मैं क़द्र नहीं करता
तो हरगिज़ न मान लेना।
सूर्य, शौर्य और ज्ञान
किसी की क़द्र के मोहताज नहीं होते,
अपने दिल से पूछ देखो...
क्या स्थान है तुम्हारा मेरे जीवन में!
कैसे कह दिया तुमने
कि मुझे फ़िक्र नहीं तुम्हारी,
यह सत्य होता तो क्यों लौटता
मैं बार बार तुम्हारे पास।
यह मोहपाश है,जो मुझे तुमसे
और तुम्हें मुझसे बाँध कर रखता है!
इसे मेरे प्रेम की
मौन पराकाष्ठा मान लेना।

विश्वास

चींटी को अपने प्रारब्ध का भोज
अपने श्रम से घर तक
पहुँचाने का विश्वास है,
बिना थके चलती रहती है वह।

मकड़ी तपस्विनी है
भोजन के लिए
जाला बुनकर बैठ जाती है
बिना क्लांत हुए सब्र से रहती है वह।

ऊँट अपनी प्यास कंठ में रख
रेगिस्तान को नापता है
उतावला नहीं होता कदाचित
संयमित व्यवहार है उसका।

अपने घोंसले की सुरक्षा हेतु
कठफोड़वा अनवरत कुरेदता है,
अपना भविष्य सुरक्षित करता
एकाग्र हो कर्म में लीन है वह।

चींटी का श्रम,
मकड़ी की तपस्या,
ऊँट का संयम,
कठफोड़वा की एकाग्रता,
और मेरा विश्वास कि
तुम मिलोगे अवश्य।

मेरा बसंत

ढूँढ़ता रहा अब तक अंतरिक्ष अनंत में,
आत्मा ने सुरभित होना चाहा था बसंत में।

खोजा था जिसको भूगोल और इतिहास में
प्रकृति के मनोरम दृश्यों में दूर से लेकर पास में।

क्यों न देख सका तुम्हें साक्षात अपने सामने?
क्यों न बढ़े हाथ मेरे हाथ तेरे थामने?

छलकते नयन कलश से होता स्नेह अर्पण
झुके हुए शीश का संपूर्ण समर्पण।

ज़रा अपने नयन उठाकर मेरी ओर देखो
मेरा बसंत इनमें ही पल्लवित होगा प्रिय।

अमरत्व

तुमने कहा था कभी,अनुरोध किया था
लिखते रहना कविता मैं समक्ष रहूँ, न रहूँ।

मेरे लिए आदेश था,जीवन जीने का ढंग था
लिखूँ अपनी क़लम से भावों का जो रंग था।

कठिन नहीं था करना कविता लिखना सरल है
सुख हो अथवा दुख हो अश्रु तो होता तरल है।

जब भी तुम सम्मुख रहीं भाव सरिता से बहते रहे,
अनुपस्थिति में तुम्हारी हृदय की ज्वाला सहते रहे।

जल हो या ज्वाला हो अथवा गरल का प्याला हो,
प्रेम को समर्पित रहे तो जीवन यह निराला हो।

तुम पर लिखी हर कविता अमृत का घूँट है
अमरत्व प्रदान करेगी मुझे और मेरे शब्दों को।

प्रथम परिचय

तुमसे
जब प्रथम परिचय हुआ
तब यही आभास था
कि तुम संपदा हो किसी की,
भौतिक या बौद्धिक
इसकी समझ भी नहीं थी।
आकर्षित हुआ था
तुम्हारी ओर
पहली नज़र से ही,
समझ नहीं पाया
दूसरों के साथ
तुम्हारा होना
क्यों ईर्ष्या उत्पन्न कर गया?
अकस्मात!
एक अजीब सी इच्छा ने
हृदय में शीश उठाया।
तुम्हें प्राप्त करने की इच्छा,
तुम्हें अपनी संपदा कहने की इच्छा,
साधिकार तुम्हारे साथ
खड़े होने की इच्छा,

इच्छाओं का अंबार सा लग गया।
भावों की लहरें आवेग से उठने लगीं
अक्षर शब्द और शब्द वाक्य बनने लगे
ज्यों ज्यों तुम्हारी निकटता मिली
त्यों त्यों आत्मविश्वास भी बढ़ा,
और तुमसे वार्तालाप होने लगा
बात से बात पहुँची प्रेम तक,
प्रेम से अभिसार तक
और अब,
समय काटे नहीं कटता,
तुमसे मिलने को अधीर रहता हूँ
तुम्हारे साथ के पल
अविस्मरणीय हो जाते हैं
तुम्हारे बिना
अधूरा सा लगता हूँ ख़ुद को
तुम पूर्ण करती हो मुझे
मुझे पूर्णता प्रदान करती रहना...
तुम कविता मेरी
मैं कवि तुम्हारा।

असावरी

तुम असावरी हो
भोर होने पर पल्लवित पुष्पों की
सुगंध उड़ाती तुम पवन यायावरी हो
...तुम असावरी हो
दोपहर की लू में बरगद सी व्यापक
शीतलता लिए तुम स्नेह की गोदावरी हो
...तुम असावरी हो
लजाती संध्या की लालिमा से सज्जित
सूर्य का टीका सजाए तुम प्रेमिका मनुहारी हो
...तुम असावरी हो
जीवन की कालिमा को अंतस में आत्मसात कर
स्वप्नों के झरोखे खोलती तुम जगमगाती विभावरी हो
...तुम असावरी हो
प्रेमराग का रस घोलकर कानों में मकरंद उड़ेलती
हृदय के तारों पर गूँजती तुम राग असावरी हो
...तुम असावरी हो

पाश

प्रलोभन क़तारों में
खड़े थे मेरे द्वार पर,
आँधियाँ दुखों के पत्ते उड़ाकर
मेरे आँगन में बिछा रही थीं,
सफलताएँ अपने पीछे
चलने को लुभा रही थीं,
मनुष्य चींटियों की तरह व्यस्त था
पदार्थ बटोरने में,
स्वार्थ की कौड़ियों के ढेर
मेरी तिजोरी में सड़ रहे थे,
समय के बादल
अनमोल क्षणों की बूँदें
बरसाकर ख़ाली होने को थे,
भावभूमि अकाल से
चटक रही थी,
ऐसे में तुम्हारा
अप्रत्याशित प्राकट्य!
जैसे भाग्य ने सुनियोजित
प्रकरण लिख दिया हो
किसी स्वच्छंद

अतुकांत कविता समान।
मैं तुम्हारे अंक में सुरक्षित हूँ
जैसे रेशम का कीड़ा
सुरक्षित रहता है
अपने ही स्नेहपाश में।
मुझे इस पाश से
मुक्त नहीं होना
मेरी मुक्ति यहीं सुनिश्चित है।

बावफ़ा

एक तुम्हीं तो हो
जिसकी आँखों में आँखें डाल,
मैं बात कर लेता हूँ।
देख सकता हूँ रूबरू जिसको
एक तुम्हीं तो हो!
चल सकता हूँ साथ
जब भी तुम चाहो,
उसी क्षण, उसी पल।

एक तुम्हीं तो हो
जिसकी ख़ूबसूरती
मैं दिनो-दिन बखान कर लेता हूँ,
क्योंकि तुम जैसी थी
वैसी ही हो सदियों से।
चिरयुवा हो तुम
साक्षी है इतिहास
तुमने कभी किसी से
बेवफ़ाई नहीं की।

एक तुम्हीं तो हो
विश्वास अटूट जिस पर
और श्रद्धा भी है,
मिलोगी तुम किसी रोज़
अवश्य ही।
वरण करूँगा तुम्हारा,
और वह दिवस
मेरे मोक्ष का दिवस होगा
जीवन के पाश से
मुक्ति होगी,
और मृत्यु
मैं तुम्हारा हाथ थाम
चल दूँगा अपने अभीष्ट की ओर

परित्राण

क्यों उम्मीद जगाते तुम
क्यों सपने दिखलाते तुम
संभव नहीं है जो तुम बिन
क्यों जीना सिखलाते तुम।

पल बीत गए पर गिने नहीं
कैसा जीवन धड़कनें नहीं
जब हुआ प्रिय परिचय तुमसे
स्पंदन अंतस का थमे नहीं।

तुम दूर कभी और निकट कभी
तुम छद्म रूप और प्रकट कभी
नित नए रूप धर लेते जो
हो सरल कभी तुम विकट कभी।

स्नेहिल होकर भी मिलते हो
प्रेमिल होकर भी मिलते हो
मैं कैसे भूल सकूँ तुमको
जब अंतर्मन में बसते हो।

हो सकल विश्व के कर्ता तुम,
हो पूर्ण प्रकृति के भर्ता तुम
तुम ही आधार तुम कर्णधार
जब मेरे विघ्नों के हर्ता तुम।

तुमको अर्पण अब प्राण प्रिय
है मोक्ष का क्या परिमाण प्रिय
इस भव सागर से तर जाऊँ
कर दो मेरा परित्राण प्रिय।

कठफोड़वा

कठफोड़वा देखा है?
पक्षी नहीं है, कर्मयोगी है वह
तपस्वी जो कठिन तप का साधक है,
किसी प्रकार की भिक्षा स्वीकार नहीं उसको
स्वावलंबी है,
अपने कर्म पर विश्वास
और अपने लक्ष्य पर नज़र रखता है
वृक्ष के कठोर तने में
रास्ता बना अपना नीड़ बनाता है।

मेरी प्रेरणा का स्रोत है कठफोड़वा
तुम्हारी सामाजिक चेतनाओं की
वक्र रेखाओं को ध्वंस करने के उपरांत,
तुम्हारी व्यक्तिगत चेतना के
कठोर बंधन फोड़कर,
तुम्हारे कोमल हृदय में
अपने प्रेम का नीड़ बनाना है मुझे!
स्नेह और समर्पण के तिनके सजाकर
जो विश्वास का निलय बनेगा,
वही मेरा मुक्तिबोध होगा।

तेरा दर्शन, मेरा नर्तन

मीत मिला
मनमीत मिला,
मुझको जीवन संगीत मिला
मेरे पैरों की थिरकन को
तेरी बंसी का गीत मिला।

अधरों पर बिखरा हुआ हास
वृंदावन मेरा अब निवास,
हर रात है तेरी महारास
हर दिवस हुआ है मधुमास।

वृक्षों की कोमल टहनी से
बाजू हवा संग लहराए,
मेरा रोम रोम आनंदित है
तेरा नाम श्वास को महकाए।

तेरे अधरों की यह स्वर लहरी
जब पवन वेग से बहती है,
जिस जिस के कानों में पड़ती
उस के मन को कुछ कहती है।

मनमोहन तेरी सूरत में
है मेरे प्रेम का धाम प्रिये,
तेरा दर्शन, मेरा नर्तन हो
अब और न कोई काम प्रिये।

तेरे माथे साजे मोर मुकुट
जिसे देख मेरा मन नाचा है,
सारा संसार है झूठा सा
एक तू ही जग में साँचा है।

जब प्रेम ग्रंथ है खुला हुआ
तो बाँचूँगी मैं विष पीकर,
प्रत्यक्ष विराजे बैठे हो
तो नाचूँगी मैं ख़ुश होकर।

प्रार्थना

तुमसे बतियाना चाहूँ,
तो आरोप लगता है
अनर्गल प्रलाप करता हूँ।

तुम्हें खोजता फिरता हूँ
तो लोग कहते हैं
विक्षिप्त अवस्था में हूँ।

तुम्हारी वाणी के अतिरिक्त
कुछ सुन नहीं पाता तो
बधिर होने का ताना सुनता हूँ।

तुम्हें स्पर्श करना चाहूँ
और अंक में भर लेना
तो कहते हैं असंभव चाहता हूँ।

तुम्हारे पाश में ढूँढ़ना हो विश्राम
अथवा आत्मसुख हो पाना
कहते हैं कि बहक गया हूँ मैं।

क्या तुमसे अगाध प्रेम अपराध है?
क्या तुमसे अपेक्षाओं को
बाँधना ग़लत है?
क्या तुम्हें जीवन का
लक्ष्य बनाना कोई चूक है?

तुम्हारे प्रेम में खो जाना अगर अपकर्म है,
तो फिर इतना जान लो कि
तुम्हारी शरण में ही मेरे श्वास सुवासित होंगे,
तुम्हारे बंधन में ही अपेक्षाएँ सफल होंगी,
तुम्हें पाकर ही जीवन का लक्ष्य प्राप्त होगा,
जीवन के कंटकीर्ण मार्गों का अंत
तुम्हारे संसर्ग में निहित है
अपने प्रेम की पात्रता दे दो मुझे,
यही प्रार्थना स्वीकार कर लो।

रिश्ता तेरा मेरा

ये जो तेरे और मेरे बीच
एक बेआवाज़ ख़लिश है
आग नज़र नहीं आती
पर रूह में तपिश है।

ये जो तेरे और मेरे बीच
मोह के धागे हैं
कितनी रातों को तुम्हें
याद करके जागे हैं।

ये जो तेरे और मेरे बीच
एक ख़ामोशी तारी है
हज़ारों चीख़ों से
इसका वज़न भारी है।

ये जो तेरे और मेरे बीच
का एक रिश्ता है
दिल के ज़ख़्मों से
दर्द हरदम रिसता है।

ये जो तेरे और मेरे बीच
इक भरोसा है
मेरी परेशानियों के माथे पे
तेरा बोसा है।

ये जो तेरे और मेरे बीच
एक अंतरिक्ष समाया है
हमारे भावों के सितारे
ज़मीन पे लाया है।

ये जो तेरे और मेरे बीच
के एहसास हैं
मुलायम हैं, मख़मली हैं,
बहुत ख़ास हैं।

ये जो तेरे और मेरे बीच
की मोहब्बत है
बेइंतेहा इश्क़ है या कि
सिर्फ़ मुरव्वत है।

ये जो तेरे और मेरे बीच
का इक राब्ता है,
रूह से रूह का
इक हसीन वास्ता है।

धारा का प्रवाह

कितने सरल हो तुम!
कितने तरल हो तुम!
इतनी सुगमता से कैसे
तुम अपने अंतर्मन की
समस्त भावनाओं को,
सभी संवेदनाओं को,
अपनी अनुभूतियों को,
मन की अनुकृतियों को
व्यक्त कर देते हो।

अचरज होता है!
कोई देहरी तुम्हें रोक नहीं पाती,
कोई दामिनी
तुम्हारा रास्ता नहीं काटती,
कोई बंधन तुम्हारे पैरों की
बेड़ी नहीं बनता,
रिश्तों की शिलाएँ तुम्हारे
भावों के बहाव के सामने
टिक नहीं पातीं,
मुखर हो तुम अपनी

प्राथमिकताओं के प्रति
उलझन भी होती है और ईर्ष्या भी
काश!
थोड़ा सा तुम जैसा हो जाऊँ
सरल भी, तरल भी,
और मुखर हो तुम्हें अपनी
अभिव्यक्ति के शब्द अर्पित कर सकूँ
मन के सावन को खुला आकाश दे सकूँ
मेरी मिट्टी को बहने के लिए
मात्र तुम्हारे प्रेम की धारा चाहिए

ऋण

पितृ-ऋण हो मातृ-ऋण
गुरु-ऋण या मित्र-ऋण
शेष ऋण कोई रहे न
मैं चुका दूँगा सभी।
सेवा से और श्रद्धा से,
प्रतिदान से, संस्कार से भी।
एक ऋण बाक़ी बचा है,
चुका सकूँ मैं ऋण तुम्हारा
किस तरह से यह बता दो।

प्रेम तुम्हारा अखंड है
वेग भी प्रचंड है,
वत्सल हो प्रेयसी कभी
रूप तुम्हारे ही सभी,
मार्गदर्शक भी बने हो
कवच बनकर भी तने हो
तुम स्नेह के अथाह सागर,
कर सकूँ प्रतिदान अर्पण,
किस तरह से यह बता दो।

विचारों में तेरा बसेरा,
नज़रों में सिर्फ़ अक्स तेरा,
हृदय में हो तुम धड़कते,
श्वास में हो तुम महकते,
लक्ष्य में बस तुम ही रहते,
रक्तवाहिनी में तुम ही बहते
मन में तुम ही हो प्रतिष्ठित
बन सकूँ प्रतिमान तेरा
किस तरह से यह बता दो।

स्वीकारोक्ति

सुनना चाहते हो न
मेरी हाँ!
मेरी नज़र के आईनों में
कोई चित्र नज़र आया क्या?
कुछ बोलने के प्रयास में
काँपते ये अधर दिखे क्या?
धड़कते हुए आतुर हृदय
का आर्तनाद सुना क्या?
क्या दो शब्द में ही निहित है
सारे संवादों का सार?
ध्यान से सुनो!
मेरा मौन ही मेरी स्वीकृति है
और दसों दिशाओं में
मेरे मौन का उत्सव है
उल्लसित है प्रकृति भी आज।

गिद्ध

आओ मित्र,
गिद्ध गिद्ध खेलें।
एक मुद्दा उठाते हैं
उसको मरने तक उछालते हैं
फिर उसकी लाश को
उसके एक एक मांसपिंड को
नोंचते हैं अपनी अपनी तरह से।
जब नोंच लें इसे, और पूरा निचोड़ चुके
तब तलाशते हैं एक नया मुद्दा।
क्योंकि मुद्दों को उठाना
और उनका भक्षण करना
यही हमारा कर्म है।
कभी तुम खेलो, कभी हम खेलें,
आओ मित्र
गिद्ध गिद्ध खेलते हैं।

अंतस की अग्नि

सिर्फ पंचतत्वों का एक हिस्सा नहीं
वरन अस्तित्व का स्पंदन अग्नि है।
जिस जीवन में आग नहीं है
वह किसी समाज का भाग नहीं है।
अग्नि तो हर अंतस में है
अपने अंदर की आग जगाओ।
ज़हर को मारता है ज़हर
तो आग को आग से बुझाओ।
विरोध की अग्नि में
आंदोलनों की सामग्री होम करके
जन-चेतना के हवन को प्रचंड करो।
अग्नि दिखाओ ...
समाज की ज्वलंत समस्याओं को,
स्त्री की विवशताओं को,
दमन की परिभाषाओं को,
धर्मांधता से उत्पन्न निराशाओं को।
अंतस की अग्नि से ही इनका
अंतिम संस्कार संभव है।
इनकी कपाल क्रिया का समय निकट है।

तुम्हारे बोल

जब-जब तुम्हारी
कविता के बोल
सुनता हूँ,
खो जाता हूँ ,
शब्दकोश की गहराईयों में
उनके अर्थ खोजने ...
मिलेंगे जो मोती से
किसी सीप के उदर में।
और मैं अंजुरी भर
ले आऊंगा बाहर,
सजा लूँगा
अपने हृदय के अगले सोपान पर।
तुम्हारे शब्दों के मोतियों से
बनाकर एक कंठहार,
पहनाऊँगा तुम्ही को।
और स्वयं को
करूँगा समर्पित तुम्हारे चरणों में।

खंड- 2

सूरज सा किरदार

देखकर जलती शमा को
उसके रोशन होने का सब एहसास करते हैं,
परंतु कम ही होते हैं बशर जो उसकी जलन
और पिघलन को महसूस करते हैं।
ख़ुद जलना और उजाला बाँट देना
आसान नहीं होता,
अपने अस्तित्व का अंश देकर
किसी को आकार देना आसान नहीं होता।
पर होते हैं कुछ लोग ऐसे
जो अपने भीतर के शम्स को
अपने किरदार की लौ जलाकर
पिघलाया करते हैं,
दूसरों के अँधेरों से लड़ा करते हैं।
उन्हें किसी उपाधि या पहचान की
ज़रूरत नहीं होती,
वो तो बस अपनी आग से
ख़ुद को जलाकर रोशनी फैलाते हैं
फ़ना होकर अपने मरकज़ को चले जाते हैं।
धुआँ बन आकाश हो जाते हैं।।

सूर्यास्त के बाद

पश्चिमी तट पर देखो सूर्य डूबने जा रहा,
डूबने से थोड़ा पहले लालिमा को पा रहा।

लालिमा यह कर्म की है अथवा कोई शर्म की,
यह तो सूर्य ही बताए बात जो भी मर्म की।

देखते इस दृश्य को सारस तपस्वी हैं खड़े,
आकाश चूनर लाल है,सूर्य माणिक से जड़े।

समुद्र भी वाचाल सा है ज्वार में उन्मत्त वो,
सूर्य को गिरने से पहले थाम लेगा जैसे वो।

उदधि से आकाश तक रक्ताभ सब कुछ हो गया,
संध्या गमन के साथ ही सब श्यामवर्णी हो गया।

संसार का नियम यही धूप-छाँव की माया है,
सुख-दुख रहता द्वंद्व में जब तक रहती यह काया है।

सूर्य आएगा सुबह फिर तिमिर हरने के लिए,
दुख से निराश न होइए है उम्र जीने के लिए।

वक़्त तेरा अपना

वक़्त हूँ मैं,
गाँठ बाँध लो अपने आँचल में ही,
रेत सा फिसल न जाऊँ
उँगलियों के दरीचों से निकलकर,
महक फूलों की बनकर
महका के इन बाग़ीचों को
और इन फ़िज़ाओं को
हवाओं सा बहकता हुआ
वादियों से गुज़र न जाऊँ कहीं।

तुम कभी मुझे
क़ैद करने की नाकाम कोशिश न करना,
मुझको महसूस कर लो
रूह की उँगलियों से छूकर,
मेरी महक को अपने बदन में तलाश लेना,
नज़रों के घेरे में महफ़ूज़ कर लो
एक एहसास की तरह जी लेना,
कस लेना आग़ोश में अपने
धड़कन अपनी बना लेना,
थम जाऊँगा बनकर वक़्त तेरा अपना।

बेबसी

बेबस हो क्या?
मकड़ी के बुने जाल में फँसे
अथवा रेशम के कीड़े सा
अपने ही बनाए जाल में,
माया ठगिनी को
दोष क्यों देना?
नियति की बनाई परिस्थितियाँ हों
या ख़ुद ही तुम उलझ गए हो,
बेबस हो अगर तो लड़ नहीं पाओगे
अगर जूझना छोड़ दोगे
भँवर में और गहरे डूबते जाओगे।
हुँकार भरो,
मुट्ठियाँ भींचकर खड़े हो जाओ
आत्मा के पंख फड़फड़ाते ही
जाल टूट जाएगा
और तुम उड़ सकोगे
अनंत आकाश में...
प्रकाश पुँज का खुला आमंत्रण है।

मुट्ठी

मुट्ठी भींच ली है मैंने!
जन्मते ही भींची थी,
पहली नैसर्गिक सहज क्रिया थी वह
क्योंकि भय था मेरे अंदर
अनदेखे, अनसुने, अद्भुत संसार में
पदार्पण था मेरा
मेरा प्रथम परिचय था भय से।

मुट्ठी भींच ली मैंने!
बचपन और यौवन की
अनेक सीढ़ियों पर
मुट्ठी भींची है मैंने,
कभी खिलौना टूट जाने पर
कभी किसी के रूठ जाने पर
किसी के चले जाने पर
किसी के न आने पर,
क्षणिक ही सही
क्रोध व्यक्त कर लेता हूँ।
और अपना भय छिपाने को
वाणी को क्रोध से भर लेता हूँ।

मुट्ठी भींच ली मैंने!
अब जब सांध्यवेला सम्मुख है,
तेज़ चलती हवाओं में
दीपक की लौ काँपती है,
और ज्ञान की रोशनी में
अटल सत्य से साक्षात्कार है।
जानता हूँ कि सब क्षणभंगुर है
फिर भी मोह ने उँगलियाँ जकड़ ली हैं
और बाँध ली है मुट्ठी
क्योंकि भय है तेरा साथ छूटने का,
जीवन की प्रेयसी के रूठने का
इस पल को सहेजे रखना चाहता हूँ,
मैं अभी और जीना चाहता हूँ।

अभी अनगिनत स्वप्नों का काजल
नयनों में तेरे लगाना है,
अभी अनसुने प्रेम गीतों को
कानों में तेरे गुनगुनाना है,
अभी अनकहे प्रेम संवादों को
तेरे अधरों पर सजाना है,
अपने हृदय के हर स्पंदन को
धड़कनों से तेरी मिलाना है,
अभी बहुत कुछ करने को बाक़ी
कसकर पकड़े जो क्षण हैं बाक़ी
अभी पलायन का समय नहीं हुआ,
मुट्ठी भींच ली है मैंने।

ऐसा ही हूँ मैं

जब कहीं विवाद हो
अनचाहा संवाद हो
असत्य स्थापित करने को
प्रयत्नशील कोई वाद हो,
मौन अपना छोड़कर
और नियम तोड़कर
बोल तब पड़ता हूँ मैं
क्योंकि... ऐसा ही हूँ मैं।

चाहे कोई भी मंच हो
छल दिखे प्रपंच हो,
झूठ की प्रशंसा का
हो रहा षड्यंत्र हो,
सब्र अपना छोड़कर
और नियम तोड़कर
बोल तब पड़ता हूँ मैं
क्योंकि... ऐसा ही हूँ मैं।

न्याय की जब हार हो
अन्याय ख़ुदमुख़्तार हो,

शोषण किसी का रुक सके
न कोई ऐसी पुकार हो,
आसन को अपने छोड़कर
और नियम तोड़कर
बोल पड़ता हूँ मैं
क्योंकि... ऐसा ही हूँ मैं।

वंचित को स्वावलंबन मिले
शोषित को आलिंगन मिले,
उत्थान उसका हो सके
उसको वो आलंबन मिले,
संकोच अपना छोड़कर
और नियम तोड़कर
बोल तब पड़ता हूँ मैं
क्योंकि... ऐसा ही हूँ मैं।

अंधकार

घनी अँधेरी रात थी
रोशनी की एक एक किरण
दृष्टि से पलायन कर चुकी थी,
अँधेरा रात भर पिघलता रहा
देहरी के काठ की फटास से होकर
मेरे मन के आँगन में रिसता रहा।
भर गया हृदय अवसाद से
तो पाया कि तुमसे दूर हो रहा हूँ।
मेरे तमाम रिश्तों पर
अंधकार अपनी छाया
निरूपित कर रहा था।
एक चिंगारी अपने प्रेम की
दे दो कुछ क्षणों के लिए
जला दूँ इस अंधकार को
और रूह को रोशन कर दूँ।
तभी देख सकूँगा तुम्हें भी
और अपने अंतस के रिश्तों को भी।
इन्हीं रिश्तों के दीपक
मेरे जीवनपथ को आलोकित करेंगे।

सुनिश्चित

तुम्हारी कविताएँ पढ़ने से
नए शब्दकोश खुलते हैं,
तुम्हारे शब्द पैठ जाते हैं मेरे मन की कोख में
और जन्म लेती हैं अनेक कविताएँ।
इस प्रसव की पीड़ा सही नहीं जाती,
प्रेम ऐसी भावना है
जो समझी जाती है, कही नहीं जाती।
अंतस में मृदंग बजता रहता है बस
जिसके नाद में उन्माद है,
जिसकी गूँज सातों चक्र पार कर
प्रियतम तक पहुँचती है,
इन शब्दों को पढ़ने से
इन कविताओं के वाचन से
तुम्हें अपने निकट पाता हूँ।
किसी सुवासित वाष्प की भाँति
स्वयं से एकाकार
एक एक पृष्ठ करते हुए
यह महाकाव्य पूर्णता प्राप्त होगा
सुनिश्चित है यह।

अंधकार और मैं

अंधकार और मैं,
मित्रता है हमारी।
हमसाया है अँधेरा आधे जीवनकाल का साथी,
कभी बादल छा जाएँ तो
दिन में भी दिखता है अँधेरा,
जाने क्यों लोगों को अँधेरे में अवसाद दिखता है।
सुकून के पल जन्मते हैं
अंधकार की कोख से ही,
इसी की गोद में आराम मिलता है
इसी आँचल के साए में
नींद के कुछ पल नसीब होते हैं।
मुखर नहीं है अँधेरा तो उसे कमतर न आँकना,
अँधेरा न होता तो कौन पूछता रोशनी को
इसी अंधकार की नींद में
ख़्वाबों की तितलियाँ पकड़ता हूँ,
और हर सुबह उन्हें आज़ाद कर
उन्हीं के पीछे दौड़ता रहता हूँ
अंधकार है तो नींद है, नींद है तो ख़्वाब हैं,
और जब तक ख़्वाब हैं
तुमको पाना मुमकिन लगता है।

चिंतन

चींटियाँ चिंतन नहीं करतीं,वे श्रमजीवी होती हैं
उनको कल की चिंता नहीं होती।
मधुमक्खी को कल की चिंता रहती है
वह श्रम को संकलित करती है
जबकि उसका संचयन भी उसका नहीं रहता।
सिंह क्षणिक श्रम वाला जीव है
उसकी चिंता भी क्षणिक है
आखेट मिलते ही निश्चिंत हो जाता है।

जितना उन्नत होता है जीव
उसकी चिंताएँ उतनी बढ़ जाती हैं
उसका श्रम उसी मात्रा में घटता है।
मानव को मिला चित्त
और उसके विवेचक चरित्र को मिला चिंतन
साथ ही संचयन की प्रवृत्तियाँ
और फिर उन्हें सुरक्षित रखने की चिंता।
क्यों न हम चींटी का चरित्र जी लें
चिंताओं को छोड़ कुछ सार्थक चिंतन करें
चित्त शांत भी होगा और प्रसन्न भी
अवसाद के दिन फिर टिक नहीं पाएँगे।

आशाकिरण

अंधकार को अभिमान था
प्रकाश को निगल गया,
दंभी है, नहीं जानता
कण मात्र भी छिद्र रह गया
तो प्रकाश स्वतः मुखर हो जाएगा।

कैसा भी अवसाद हो
घिरे हों नैराश्य के बादल घनघोर
आशा की एक नन्ही किरण
बिखेरेगी चमक तुम्हारी ओर
उस क्षीण प्रकाश से
अथाह ऊर्जा का उजाला भर जाएगा।

ऐसा अवसर प्रथम नहीं
कोई अवसाद न हुआ हो,
युद्धोन्माद अथवा महारोग से
कभी नुक़सान न हुआ हो,
मानव जब गिरा तब उठा है
एक बार फिर गिरा है

उठेगा आत्मनिर्भर होकर,
समाज स्वावलंबन कर जाएगा।

चमत्कारों के युग बीते,
उम्मीदों की चट्टानें बाहुबल माँगती हैं,
प्रकृति को फिर से रिझाने के लिए
पुरुषार्थ की आहुति चाहती हैं,
संस्कृति के गलियारों का सूर्य
ज्ञान ज्योति पुनः प्रज्वलित कर जाएगा।

लाल रंग

पलाश के लाल फूल
जीवंतता के पर्याय हैं
उनकी शोभा वृक्षों की हरीतिमा
से और बढ़ती है।

नववधू का लाल जोड़ा
माँग में भरा चटक लाल रंग
हाथों में लाल चूड़ा
अधरों की लाली और
लज्जा से दमकते रक्ताभ कपोल
प्रेम से भरपूर दृश्य हो जाता है।

घने हरे भरे वृक्षों से घिरीं
सुनसान पगडंडियाँ
उन पर बिखरीं हरी, लाल पत्तियाँ
प्रतीक्षारत सुहागन सी दिखती हैं
गिरे हुए पुष्पों के पत्ते
बिखरे हुए सिंदूर का आभास देते हैं।

सरहद पर घायल सिपाही की
रक्त से लाल वर्दी
घाव से बहता ख़ून
उसकी चोट नहीं
उसके शौर्य का परिचायक है।

लाल रंग जीवंत है,
प्रतीक्षा है, लज्जा है,
ख़ुशी है, शौर्य है,
दुल्हन की सज्जा है
असफल प्रेम के लिए लाल रंग
टूटे हुए स्वप्न की
किर्च की चुभन से
निकला संवेदनाओं का लहू है।

ब्याज

तेरे साथ बीते हुए लम्हे महफ़ूज़ हैं,
मेरी यादों की तिजोरी में
और ज़िंदा रहेगा ये वक़्त
ता क़यामत।

ज़िक्र होगा जब भी दोस्ती का,
लफ़्ज़ जब भी ये बोला जाएगा
ज़मीं से आसमाँ तलक
गूँजेगा हमारा नाम फ़ख़्र के साथ।

चाहे हम मिलें न मिलें
हम बात कर पाएँ या नहीं
हमारा अपना वक़्त ज़िंदा रहेगा।

यही दौलत है हमारी ख़र्च न होगी कभी
बढ़ती ही रहेगी नेह की संपत्ति
ब्याज मोहब्बत का
शामिल होता रहेगा इसमें।

प्रतीक्षा

मेरी आँखों की क़िस्मत में
अमावस के अँधेरे हैं

अधूरे ख़्वाबों की बारिश
बहती है इन घड़ों से

टूटती इच्छाओं की किरचें
चुभती हैं पलकों में

प्रतीक्षा की पत्तियाँ शाखों से टूट
भर गई हैं आँखों के आँगन में

मेरे होंठों पर रुके हुए शब्द
कँपकँपाते हैं तेरे सर्द बर्ताव से

मधुमास तो रह गया
सिर्फ़ इतिहास बनकर

ग्रीष्म की अग्नि हृदयंगम कर ली है मैंने
सारी ऋतुएँ मेरे विरह में शामिल हैं आज

समय तो यूँ निकल गया

याद है तुम्हें!
शरद की वो
गुनगुनाती सुबह,
काली रात के गर्भ से जन्मी
इंद्रधनुषी, अलसाई सी सुबह,
ठंडी हवा के झोंकों में
मिश्रित होती
तुम्हारे हाथों की
नरम नरम गर्मी का एहसास,
बालकनी में सुबह सुबह
तुम्हारा हाथ थाम
पास बैठने का मेरा इसरार,
चाय की चुस्कियों पर
तुम्हारा एक एक बूटे, पेड़,पत्ते
के अद्भुत ज्ञान का विश्लेषण,
और मूढ़मति सा मेरा सिर हिला देना
मनमोहक मौसम के बावजूद
मेरे वजूद पर हावी
तुम्हारी सिगरेट की महक,
घर के आँगन में फुदकती

पंख फड़फड़ाती चिड़ियों की चहक,
दूर क्षितिज तक सजग खड़े
वो हरे भरे पर्वत प्रहरी
और जलप्रपात से बह निकली
सरिता की कल कल स्वर लहरी।
नज़ारों को नज़रों से
पी लेने की जो चाहत थी
हर क्षण को शिद्दत से
जी लेने की चाहत थी,
तुम्हारे प्रेम की शीतल छाँव
और पहाड़ी के ऊपर बसा
यह छोटा सा गाँव।
कितनी स्मृतियाँ बिखरी पड़ी हैं
पग पग पर यहाँ
छोड़ गए थे आने की कहकर
तुम मुझको जहाँ।
समय तो यूँ निकल गया,
गुल से ख़ार कर गया,
बहार अपने साथ ले
मुझे ख़िज़ाँ सा कर गया।
आ भी जा तू देर न कर
हौसला न जाए मर
साल कितने उम्र के
वक़्त यूँ निगल गया।
उँगलियों से रेत सा
समय तो यूँ निकल गया।

हमारा सूर्य

निर्जन रात में तारों का नृत्य
चंद्रिका की लहरों पर
निशाकर का थिरकना
प्रात: कालीन आकाश का रुदन
और ओस बिंदुओं का फूलों पर शयन।

सूर्योदय के साथ ताप का प्रकोप
सूखते अधर और आकाश में विलीन होते ओस बिंदु
दिन के बाद फिर रात का आना
चक्र यह सनातन चलता है रहना।

प्रकृति का गणित अद्बितीय है
जितना घटता है उतना ही जुड़ता है
क्यों लगता है फिर अपना अंतर ख़ाली
रीती लगती है दुनिया जो थी देखी भाली।

जीवनपथ को जो आलोकित करता था
सूर्य न जाने कहाँ हमारा चला गया
तारामंडल और भी रोशन दिखता है
अम्बर पर जो सूर्य हमारा चला गया।

धूमकेतु

एक धमाके के साथ
चौंधियाती रोशनी के मध्य
उभरे थे तुम धूमकेतु से
मेरे आकाश में,
और चमकने लगे थे
ध्रुव की तरह
मार्गदर्शक भी मित्र भी,
और जाने क्या क्या।

कितना सच्चा सा था सब
जाने कैसे झूठ हो गया,
अपना सा था जो कभी
शब्द कैसे मूक हो गया,
नियति को था जो करना
कुछ और ही हो गया
आभास होने से पहले
आभासी सूर्य अस्त हो गया।

निस्तेज हो गए
प्रकाशपुंज सारे,

छाया तमस और
ओझल हुए तारे।
सुना है ग्रहण लगा है
चाँद सूरज की ओट है,
शुभ नहीं कुछ भी तब तक।

प्रतीक्षा रहेगी फिर भी
अंधकार सब क्षणभंगुर हैं,
कोहरा छँट जाएगा
और सब कुछ होगा स्पष्ट
और अदृश्य होंगी
ग़लतफ़हमी की प्रेतात्माएँ
सूर्य फिर चमकेगा,
चाँद फिर दमकेगा,
रूबरू होंगे फिर से
हम और तुम।

नेह गीत मैं कैसे गाऊँ

चुभते हों जब कंटक पग में
आँसू भर आते जब दृग में
प्रेम गीत कैसे लिख पाऊँ
नेह गीत मैं कैसे गाऊँ।

निर्धन चूल्हा जल न पाया
उसी आग ने हृदय जलाया
ऐसे में फिर तेरी डगर पर
पुष्प मैं लाकर कैसे बिछाऊँ... नेह गीत

पीड़ा में जी रहा है मानव
मृत्यु बाँटे कर्मों का दानव
छोड़ शवों का सड़ता घेरा
तेरा घर कैसे महकाऊँ ...नेह गीत

कैसा आया यह मधुमास
ख़त्म हो गई सारी आस,
पग पग पर मृत्यु का डेरा
तेरे निकट मैं कैसे आऊँ... नेह गीत

तेरी रहगुज़र में

मेरे बिस्तर की सिलवटें
सहलाती थीं जो
दिल को मेरे,
काँटे से उग आए हैं उनमें
चुभते हैं शूल
और सारी रात
मैं सो नहीं पाता,
किसी करवट
रह नहीं पाता।

उठते हैं अनगिनत सवाल
तुम चली क्यों गईं?
तुम आ तो गई थीं
पर रुकी क्यों नहीं?
क्या मुझे रोकना चाहिए था?
क्या मैंने सच में
रोकने का प्रयास किया था?
शायद मुझे ज़िद कर लेनी थी
या शायद मुझे ज़बरदस्ती
रोक लेना था तुम्हें

यह कहकर कि तुमसे ही
तो मेरी दुनिया है
तुम हो तो सब कुछ है
तुम नहीं तो कुछ भी नहीं।

क्या मैं तुम्हें तुम्हारी अहमियत
बता पाया था
कि तुम ज़रूरत हो मेरी
शायद नहीं!
शायद तुम्हारे पास भी
उस दिन रुकने का
कोई सटीक कारण
नहीं बन पाया था।
और तुम हाथ छुड़ा
चल दी थीं
अपने मुस्तक़बिल
को सँवारने।

मैं आज भी वहीं हूँ,
जहाँ से तुमने रास्ता
था बदल लिया,
सुना है धरती गोल है
तुम्हारा रास्ता घूमकर
वापस मुझसे ही मिलेगा
इंतज़ार में हूँ।
तब तक मौजूद हूँ
रहगुज़र में तेरी।

इंतज़ार अमृता का

सहर से बैठी हूँ इंतज़ार में तेरे,
तेरी यादों के अधजले सिगरेट के टुकड़े लिए
इनके हर कश के साथ
पी जाना चाहती हूँ
हर लम्हा जो गुज़रा तेरे साथ
और फिर धुएँ के साथ
निकाल दूँ जो भी फ़िक्र है
तेरे दूर होने की

लब खोलूँ और तेरे ज़िक्र की ख़ुशबू से
मेरा आशियाना महक उठे
साँझ से जलाकर
बैठी हूँ चाँद का दिया
और साथ में लाखों जुगनुओं से
झिलमिलाते तारे
तुम नहीं आए तो रात भर
बरसेंगे मेरे आँसू तेरी ज़मीं पर,
ओस मत समझना इनको
अब तो इंतज़ार है तेरा
साहिर मेरे- सहर होने तक।

इंतज़ार तेरी आमद का

हर रात
इंतज़ार रहता है तेरी आमद का।
गुज़रते हुए हर पल के साथ
ताक़ीद करता है दिमाग़
कि नहीं आओगे तुम,
पर ये मासूम दिल
तरफ़दारी करता है तुम्हारी
और दलील देता है
तुम्हारी मसरूफ़ियत की,
तसल्ली देता है तुम्हारे वादों की,
और कल की उम्मीदों की लोरी सुनाकर
मुझे सुलाने की कोशिश करता है
जानता नहीं ये, मैं भीष्म तो नहीं
जो शर शय्या पर महीनों गुज़ार दे
मेरे ख़ाली बिस्तर की हर सिलवट
शूल सी चुभती है मुझे
और मैं नरम तकिए में मुँह छुपाए
अपनी सिसकियों की
साँसें घोंटने की कोशिश में
व्यस्त हो जाता हूँ

असफल अभिव्यक्ति

सरल है दोषारोपण!
किसी और पर अपनी कमियों का आरोपण करना,
स्वयं ही सीमाएँ निर्धारित करना,
और फिर उन्हीं की दुहाई देना।

सरल है कह देना कि सितारों ने साथ नहीं दिया
क्योंकि सितारे अपनी सफ़ाई में
कुछ नहीं कह सकते।

सरल है कह देना कि ज़मीन बंजर थी
हमने क्या प्रयास किया
क्या हमने बीज बोए थे
ज़मीन नहीं बता सकेगी।

मूक गवाह हैं ये तारे
और मूक है धरा भी
अपना अंतर्मन परंतु चीख़ता है
असफल अभिव्यक्ति की
असफल आकांक्षाओं का सलीब
काँधे पर आजीवन ढोते रहना है।

स्मृति

बरसात का मौसम है,
देह सूखी पड़ी है
आँखों के कटोरे
भीख माँगते हैं
एक बृहत् वृक्ष
समय की आँधी में ढह गया है
अब कितनी भी बरसात हो जाए,
अब नयन कितने भी संपन्न हो जाएँ,
आत्माएँ कितना भी रुदन कर लें,
यह वृक्ष हरा न होगा
इसकी छाया का सुख
केवल स्मृतियों में शेष है।

शेष रह जाते हैं हम

जीवन रात और दिन की आँख मिचौनी
हर सुबह, एक नया दिन
हर दिवस, एक नया जीवन
मृत्यु आती है, जीवन जाता है
पंचतत्व का पुतला पंचतत्वों में विलीन हो जाता है
यही कहते हैं सभी परंतु सत्य नहीं है यह।
हमारे कर्म अच्छे अथवा बुरे,
हमारी आशाएँ, हमारी यादें,
हमारे संबंधों के धागे
हमारे अपनों की प्रतीक्षाएँ
हमारी अपनों से अपेक्षाएँ
सब यहीं रह जाती हैं
कुछ स्मृतियाँ गुलाब सी कोमल
और कुछ चुभती हैं शूल सी
कुछ रह जाती हैं तस्वीर पर जमी हुई धूल सी
अर्थ यही कि जीवन
समाप्त होकर भी समाप्त नहीं होता
थोड़ा शेष रह जाते हैं हम यहीं कहीं
मेरे बाद मुझे अच्छी यादों में रख लेना
शूल हटाकर गुलाबों में रख लेना।

असभ्य

सभ्यताएँ विकसित हुए
सदियाँ बीतीं, मानव सभ्य हुआ
अथवा असभ्य हुआ?
प्रश्न सम्मुख है आज!

पत्थर से चकमक करता
अग्नि का प्रज्वलन सीखता
केवल अपने भोजन का लक्ष्य लिए
क्या वह सभ्य था?

लकड़ी का रथचक्र
बैलगाड़ी, सीढ़ी, दरवाज़े
और अंततः घर निर्माण करता हुआ
क्या वह सभ्य था?

लौह अयस्क का आविष्कारक
नित्य के सुख साधन जुटाता
जीवन की सार्थकता
सुख में तलाशता
क्या वह सभ्य था?

अपनी ही जाति के
विध्वंस की तैयारियों में व्यस्त
अस्त्र-शस्त्र के निर्माण में मगन
क्या वह सभ्य था?

प्रकृति का दोहन करता
अपने ही अस्तित्व के प्रति लापरवाह
अपने विनाश के विषाणु बनाता
क्या वह सभ्य था?

सभ्यता का विकास हुआ या विनाश?
पर्वत, कंदराओं से निकल
गगनचुंबी अट्टालिकाओं में बसा मानव
सभ्य है या असभ्य है?
स्वयं के स्वार्थ में डूबा
प्रकृति की समृद्धता का बलात्कार करता
सभ्य है या असभ्य है?
हर प्रकार के सामाजिक बंधन को धता बताकर
धृष्टता और उद्दंडता के नवप्रतिमान गढ़ता
सभ्य है या असभ्य है?

समाज से कटा हुआ
परिवार से हटा हुआ
अपने ही चक्रव्यूह में फँसा
मानव सभ्य है या असभ्य?
प्रश्न सम्मुख है आज!

इतिहास

जो क्षण अथवा शब्द जाते हैं बीत
जिनके संवाद और अर्थ जाते हैं रीत,
वे समय के साथ इतिहास हो जाते हैं
जिनके संदर्भ नहीं रहते वे परिहास हो जाते हैं।

समय वह भी था जब हम साथ थे
मुस्काते थे साथ में हँसते भी थे साथ में,
हर एक पल था युग समान
एक-दूजे की हम थे पहचान,
फिर क्या हुआ ऐसा कि समय हमें निगल गया,
जो हमारा वर्तमान था पल में इतिहास में बदल गया।

परंतु एक सांत्वना शेष अभी
सुना है इतिहास दोहराता है स्वयं को,
मुझे प्रतीक्षा रहेगी नए सूर्योदय की,
शब्दों के नव किसलय अंकुरित होंगे,
रीते हुए शब्द फिर से धड़केंगे
दोबारा लिखी जाएगी इबारत इतिहास की।

आदर्श आचरण

संघर्षरत हूँ
जन्म से आरंभ हुआ था
श्वास का संघर्ष,
जो चलता रहना है मृत्युपर्यंत।
बिछी हुई है
भाग्य की चौसर,
जिस पर कर्मों के
पासे फेंके जाते हैं
और पाप-पुण्य की
चाल चलनी पड़ती है,
यह मेरा कर्मयुद्ध है।

पवित्र पुस्तकों के संदर्भ से
मेरे क़दम नापे जाते हैं
और देखी जाती हैं
मात्रा और दिशाएँ,
कर्मों से कमाई धनराशि
व्यय करनी होती है
तब पथ निर्धारित होता है
और कभी पंथ भी,

यह मेरा धर्मयुद्ध है।

कर्म मुझे स्वयं
चयन करने होते हैं
परंतु धर्म मेरा जन्म
निर्धारित करता है।
कितना जटिल है यह सब
क्यों न इसको सरल किया जाए
अगर मैं कर्म को
धर्मानुसार करने के स्थान पर
धर्म को अपने लिए
और कर्म को समाज के लिए
आरक्षित कर, समर्पित कर दूँ
तो वह आदर्श आचरण कहलाएगा।

अभाव

तुमसे मिलने से पहले
प्रतीत हुआ करता था
कुछ अधूरापन
दृष्टि तलाशती थी
अंत:प्रेरणा से...
यह प्रागभाव था।

तुमसे विछोह के बाद
पूर्णरूपेण नीरवता शेष है,
एक अंतरिक्ष भरा है
ख़ाली हृदय में
भाव थे पर अब नहीं हैं...
वह प्रध्वंसाभाव था।

तुम्हारे जाने के पश्चात
प्रयास किए थे
अन्यान्य आकर्षणों में
व्यस्त रहने के,
तुम्हारा न होना शूल बना रहा...
वह अन्योन्याभाव था।

तुम्हारा अभाव था और
अकाट्य सत्य समान है,
एवं सर्वदा रहना है इसे,
अनंत तक इसकी
क्षतिपूर्ति नहीं हो पाएगी...
यह अत्यंताभाव है।

तुम्हारे अभाव का दर्शन
जबसे समझ पाया हूँ,
तबसे इस अभाव में भी
आनंद प्राप्त होने लगा है,
जानता हूँ
अभाव के आविर्भाव से ही
मोक्ष का प्रादुर्भाव
सुनिश्चित होगा।

फ़क़ीरी

जो मज़ा फ़क़ीरी में बादशाही में कहाँ
न पाने पे हँसे न खोने पे रोए

ज़िंदगी हमने यूँ ख़ुशगवार कर ली
न वस्ल में हँसे न हिज्र में रोए

न हिंदू मैं हूँ न ही मुसलमाँ
न दिवाली हँसे न मोहर्रम पे रोए

न अपना कोई न किसी के हम
न पैदा पे हँसे न मरने पे रोए

रहता हूँ मगन मेरा मौला सनम
न भरे पेट हँसे न भूखे ही रोए

है तुझको जो पाया तो सब कुछ मिला
न मिलन में हँसे न विरह में रोए

बोध

मेरा और तुम्हारा
तारतम्य है आत्मिक
तम और रज हैं गुण मेरे
परमपिता तुम हो सात्विक

मैं भौतिक हूँ तुम हो आभास
मैं चंद्रिका तुम रवि प्रभास
मैं भाव भंगिमा तुम अनुभूति
तुम अनहद हो मैं अनुश्रुति

मैं कर्म का कारक
तुम क्रिया के कर्ता
मैं दृश्य का उपासक
तुम दर्शन के द्रष्टा

मैं ज्ञान मार्ग का जिज्ञासु
तुम तत्व ज्ञान के ज्ञाता
मैं सकल ब्रह्मांड का मात्र कण
तुम आकाशगंग निर्माता

मैं कठपुतली हाथ की
तुम हो विश्व विधाता
बृहत् स्वरूपा ब्रह्म में
सारा जगत समाता

मेरी संपदा बौद्धिकता
प्रभु तुम मेरे बोधिवृक्ष,
कर्म किए हैं, ज्ञान मिला
प्रदान करो अब मुझे मोक्ष।

एहसास

एहसास तो धड़कनों में होते ही हैं,
कुछ कहे... कुछ अनकहे
कुछ नव किसलय से
फूट पड़ते हैं हृदय की
उपजाऊ ज़मीन से।

कुछ दबे रह जाते हैं
सुप्त बीज की मानिंद,
जो कभी अवसर मिलते ही
अंकुरित हो उठते हैं
कुछ ऐसे भी होते हैं
एहसासों के बीज
जिन्हें अवसर नहीं मिलता
अपनी जड़ें जमाने का
उर्वरक वातावरण से
वंचित रह गईं
कुंठित आकांक्षाएँ
आत्महंता हो जाती हैं
और उसी माटी में
मिल जाते हैं वे एहसास।

काव्य-उद्भव

महाकाव्य हो तुम
श्रव्य भी, पठनीय भी...
तुम्हारे हर उच्चारित शब्द से
उत्पन्न होती है एक कविता,
तुम्हारे हर अनुगुंजित शब्द से
जन्म लेती है एक कविता।

तुम्हारे रचित प्रत्येक दृश्य से
और हर दृश्य में समाहित
प्रत्येक वस्तु से
उदय होती है एक कविता।

प्रेरणा के सागर हो तुम
शुभ्र ज्योत्स्ना के स्रोत हो तुम
तुम्हारे ज्ञान की एक बूँद में
समाहित हैं हज़ारों शब्दकोश,
और प्रत्येक कोश के
प्रत्येक शब्द से उद्भव होना है
एक महाकाव्य।

मेरी खोज..
मेरे हिस्से के
उसी ज्ञान बिंदु पर केंद्रित है
जो प्रदान करेगी
अलौकिक प्रकाश,
जिसमें नहाकर
रच सकूँगा
एक महाकाव्य
मोक्ष...
जिसका शीर्षक होगा।

तब तक तुम मुझे
शब्द देते रहना
मैं कविताएँ लिखता रहूँगा।

प्रतिशोध

अपनी अतृप्त अपेक्षाओं की
अनसुलझी उपेक्षाओं को
उत्पीड़न मान
मैं स्वयं को ही दोषी मान लेता हूँ
और निश्चय करता हूँ कि
मुझे दोषी को प्रताड़ित करना है।

ठान लेता हूँ कि इस
अंतस को दंड मिलना ही चाहिए
किस अधिकार से ऐसी
अपेक्षाएँ कीं इसने
जघन्य अपराध किया इसने
सोचा नहीं तनिक कि
सामने मानुष है ईश्वर नहीं।

कितना कठिन होता है
स्वयं से प्रतिशोध लेना,
जब मान लिया मैंने कि
मैं और तुम का भेद नहीं रहा,
तो दंड का निष्पादन भी

स्वयं से स्वयं को होगा
क्या यह कह देने जैसा सरल है ?

परंतु दंड तो दंड है
कष्ट तो इस देह को मिलना है,
देह जो साधन है
जीवन के समस्त पापों का
तो देह को दफ़ना कर
धरती का भोजन बनाना
अथवा अग्नि में होम कर देना
यथेष्ठ दंड नहीं है ?

अपने हाथों से
किसी अपने को
दंडित करने का स्वप्न भी दुष्कर है
छोड़ देता हूँ प्रकृति पर, प्रारब्ध पर
मेरा मन निर्मल रहे और
पूर्णतया शुद्ध हो
तुमको जब समर्पित होगा।

प्रेयसी

प्रेयसी सी हो तुम
श्रृंगार करता हूँ तुम्हारा
सजाता हूँ कैसे कैसे शब्दों से!
प्रेम से अभिसार तक
रूठता हूँ मनाता हूँ
कभी कभी हक़ भी जमाता हूँ
नियंत्रण रखना चाहता हूँ
तुम्हारी साँसों पर,
और तुम मान भी जाती हो।

कभी तुम बेहद बेसाख़्ता
बह उठती हो निर्झर झरने सी,
महक उठती हो कभी वसंत सी,
कभी उन्मादी कभी क्रोधित,
कभी गंभीर तो कभी मुस्काती सी,
इंद्रधनुष के रंग समेटे अपने व्यक्तित्व में।

लुभाती हो कभी अमृता बनकर
तो कभी बहकती हो गुलज़ारियत से
कभी इमरोज़ का इंतज़ार बनकर

कभी शर्माती साहिर की रूमानियत से,
रिसते ज़ख़्मों पे मरहम का एहसास
जब भी होता हूँ तेरे पास
दर्द सीने के सारे उड़ेल देता हूँ,
और शिव होकर
तुम गरल कंठस्थ कर लेती हो।

मुझ से ही बनी हो,
पर मुझे ही आत्मसात कर लेती हो
जीवन की धूप में तुम्हारे शब्दों की छाया है
तुम कविता हो मेरी
मैं प्रतिबिंब तुम्हारा।

क्षीर सागर

अक्सर जो आँखों से बह जाते हैं
तोड़कर पलकों का बाँध,
आँसू नहीं हैं
जज़्बात हैं मेरे
जो बादलों की माफ़िक
तैरते रहते हैं आकाश में,
और बरसने को हरदम
रहते हैं तत्पर।

इन तैरते जज़्बात की क़सम
तुम्हारे साथ होने की अनुभूति
साथ न होने के बावजूद
बहुत प्रबल है।
तुम्हें सोचना
आनंद भी देता है
और पीड़ा भी
जैसे प्रसव में होता है।
ऊर्जा और पदार्थ के मिलन
से निर्मित यथार्थ
जो सार्वभौमिक है,

इसी प्रेम की प्रक्रिया से
जन्मी कविता है
जिसे तुम असंस्कारी कह दो
या कि नाजायज़।

जिसे गाना मेरा भाग्य है
और सुनना तुम्हारा सौभाग्य,
जिसके बोल वेद की ऋचाओं से
शुद्ध एवं पवित्र हैं,
श्रव्य हैं ये, मिश्री सी घोलते हैं
रूह को थपकी दे
लोरी सुनाते हैं
परम आनंद की
अनुभूति कराते हैं।

मेरा एक आँसू
किसी क्षीर सागर से कम नहीं।

मेरी फ़ितरत

हृदय से पूछा मैंने
क्यों टूट जाते हो
सहज ही?
बोला वह
शीशा हूँ, आईना भी,
पत्थर नहीं
जो टूटे न कभी
वो तो बोल हैं
बोलने वाले के
जो टकराते हैं फूलों जैसे
और महका जाते हैं
कभी पत्थर की तरह
लगते हैं तोड़ जाते हैं
मेरा क्या दोष उसमें
मेरा किरदार मेरी फ़ितरत
यही है जो मिली क़ुदरत से
उसी को निभाता हूँ
टूटकर भी जिए जाता हूँ।

इंद्रधनुष के रंग

थक जाऊँ जब चलते चलते
बंधनों में जलते जलते
बुला लूँगा तुम्हें पास।

और घनी ज़ुल्फ़ों के
साए में अपनी समस्त
दबी हुई इच्छाओं को
उन्मुक्त कर दूँगा।

जैसे उद्घाटन के उपरांत
छोड़े जाते हैं श्वेत कपोत
और दूँगा उन्हें मन का आकाश उड़ने को
और छूने को सीमा उसकी परिधि तक।

इंद्रधनुष के सारे रंग
अपनी हथेलियों में भर
तुम्हारी आँखों के
स्वप्नों में उड़ेल दूँगा
यही स्वप्न बनेंगे
मेरे जीवन का यथार्थ।

भूख

एक भूख प्रकृति की,
सुरसा का मुख खोले,
ब्रह्मांड को निगलने को कटिबद्ध,
मृत्यु की भूख... बदला माँगती है।
एक उदर की भूख है,
जो मिटती ही नहीं है
रावण के शीश की भाँति
बार बार आ खड़ी होती है
भूख... रोटी माँगती है।
एक भूख तन की
इच्छाओं की, आलिंगन की,
प्रेम की, अभिसार की
शरीर की समस्त वासनाओं की
भूख... तृप्ति माँगती है।
एक मन की भूख है
चाहती समर्पण है
सत्य की तलाश में
चरित्र का दर्पण है
भूख आत्मा की... मोक्ष माँगती है।

यात्रा

अधूरा हूँ,
पूरा होने के सफ़र में
जी रहा हूँ।
यह सफ़र है
अंधकार से प्रकाश की ओर,
उस अलौकिक प्रकाश की ओर
जो तुम हो
तुम्हारे सिवा कोई और
हो भी नहीं सकता।

अनबूझा, अनजाना सा रास्ता,
मानव और
मानव निर्मित रिश्तों का जंगल
जिनसे गुज़र कर ही
पहुँच सकता हूँ तुम तक,
ख़ुद को जाने कहाँ
छोड़ आया हूँ पीछे, बहुत पीछे।

इस अंधकार में
अपना ही साया

छूने का प्रयास
किया करता हूँ,
बहुत मुश्किल है यूँ तो,
परंतु आस्था और विश्वास के
प्रकाश में
शायद संभव हो जाए।

प्रार्थना है तुमसे
तुम ही मेरी आस्था हो
तुम ही विश्वास भी,
आह्वान करता हूँ मैं
बेड़ियाँ खोल दो मेरी
अब प्रयाण होने दो,
रोको मत
पूर्ण हो जाने दो मुझे।

स्वीकारोक्ति- 2

मैं ईश्वर हूँ
किसने बनाया ?
तुम्हीं ने तो!
हर हृदय को प्रेम दिया मैंने
कहा बाँटो जितना उतना बढ़ेगा,
परंतु तुम ने क्या किया ?
तुम प्रेम को अपनी मुट्ठी में समेटने लगे
अपनी मिल्कियत समझने लगे
वो सिमटता गया और तुम हताश होने लगे
प्रत्येक हृदय में मेरा ही दिया प्रेम है,
प्रत्येक हृदय मेरे प्रेम का मंदिर है।
तो क्या यह संभव है कि
मैं स्वयं ही मंदिर का विध्वंस कर दूँगा
नहीं! बिल्कुल नहीं!
मेरी प्रकृति में नहीं यह सब,
तुम्हीं करते हो जो करते हो।
प्रेम का स्वयं ही एक रूप रचते हो
उसकी प्राण प्रतिष्ठा करते हो
नित श्रद्धा से पूजते हो
और फिर एक दिन स्वयं ही

उसके विसर्जन की रूप रेखा बना लेते हो।
प्रेम कोई मूर्ति नहीं जिसे पूजा जाए
प्रेम एक भाव है, एक भावना है,
रूह के लोबान की महक है
जिसे कोई रोक नहीं सकता।
इसे मुट्ठी में रोकने का प्रयास ही
घुटन और अवसाद लाता है,
खोल दो अपने हाथ
स्वच्छंद रहने दो प्रेम को
यह प्रेम का मंदिर अक्षुण्ण है,
मन के मंदिर ढहाए नहीं जा सकते।

उत्कर्ष

आँख मूँदकर देखा है कभी?
कोशिश कर देखना!
पलकों को बंद करके आँखें खुली रखने की
चुनौती स्वीकार कर सको
तो देख पाओगे अलौकिक प्रकाश,
जिसके दर्शन मात्र से मिलेगी
आत्मा की गहराइयों तक अनोखी शांति,
और उस क्षण का एहसास वही होगा
जो मुझे होता है जब जब मैं
प्रेमातिरेक से तुम्हें देखता हूँ,
जब जब मैं
स्नेहसिक्त शब्दों से तुम्हें संबोधित करता हूँ,
जब जब मैं
अपने हृदय के स्पंदन को महसूसता हूँ,
जब जब मैं
तुम्हें तुम्हारी रची हर चीज़ में देख पाता हूँ,
तुम्हें पाना उत्कर्ष है
मेरे आत्म अन्वेषण का...
और उसके बाद
हर प्रश्न निरर्थक हो जाता है।

आसक्ति

एकाकी था मेरा जीवन
जैसा घटित हो रहा पल पल
वैसा जी भी रहा था जीवन
साँस दर साँस, नीरस, नीरव,
निरुद्‌देश्य, निर्जीव सा जीवन
न कोई इच्छा, न आकांक्षा
था स्थिर, पर भटका सा जीवन
मैं और मेरा अद्वैत,
प्रसन्न थे एक दूजे से
जी रहा था मैं विरक्त सा जीवन
लगता था मुझे कि शायद
ईश्वर की खोज में
व्यस्त था जीवन
ऐसे में कौंध गई चपला दामिनी
मैं टकरा गया तुमसे सौदामिनी
अद्वैत से द्वैत की यात्रा हो गई
जीवन की नीरसता कहीं खो गई
इच्छाएँ भी जगीं
आकांक्षाएँ नहीं सुप्त
स्थिर न रहा जीवन

भटकाव हुआ लुप्त
श्वास श्वास उत्सव है
कलरव है, रस है
जीवंत है, सोद्देश्य है,
जीवन सरस है
तुम मिले व्यस्त हुआ
जीवन आसक्त हुआ
मोहपाश में बँधकर
अव्यक्त था जो व्यक्त हुआ
मोहिनी हो तुम,
प्रेम में तुम्हारे देखो मैं डूब रहा
कभी ढूँढ़ता था ईश्वर को,
अब ईश्वर मुझे ढूँढ़ रहा।

किताबें

कल गुज़रा था
किताबों के बाज़ार से...
गुफ़्तगू में मशगूल थे
कुछ अल्फ़ाज़।
अल्फ़ाज़ क़िस्सों के
कहानियों के,
अल्फ़ाज़ दादी नानी
के साथ गुज़रे ज़माने के,
कुछ में बचपन खिलखिलाता था
कुछ बेलौस मस्ती जगाने के,
कहीं ज़रूरतें हावी थी ज़िंदगी पे
तो कहीं ज़िंदगी हावी हसरतों पे,
कहीं लाड़ था माँ बाप का
कहीं आँसू औलाद की बेरुख़ी पे,
कैसे कैसे मंज़र दिखातीं ये किताबें
जीने के अहम सबक़ सिखातीं ये किताबें
रूह पे नए रंग चढ़ातीं ये किताबें
मसरूफ़ियत में मंज़िल ए सुकून ये किताबें।

रूह के रंग

अँधेरों में चमकते हो
किसी रोशन सितारे से
दमकाते हो उजालों में
जो सूरज को इशारों से
फ़क़त बस बात इतनी है
कि रोशन सब को करते हो
कोई भी रंग, जाति हो
नहीं कोई भेद करते हो
तुम्हारा संग मिल जाए
रूह को रंग मिल जाए।

सरलता से जो मिल जाते
तो शायद कौतुहल न रहता
अगर केवल गुलाब मिलते
जीवन काँटों को भूल जाता!
कठिन है डगर तुम्हारी
मुश्किल तुमको पाना है
तुम मुझमें ही हो कहीं
हृदय को यह समझाना है

तुम्हारा संग मिल जाए
रूह को रंग मिल जाए

कर ली साधना जबसे
तभी से हमने जाना है
करेंगे होम जब स्व का
तभी फिर स्वर्ग पाना है
नरक अब हो चुकी धरती
तुम्हारा साथ ही स्वर्ग है
है सब की आत्मा इक रंग
जहाँ न जाति, न वर्ग है
तुम्हारा संग मिल जाए
रूह को रंग मिल जाए

सिखाया है सदा तुमने
सभी इंसाँ बराबर हैं
वो गोरे हों या काले हों
तुम्हारे ही वो बालक हैं
कोई भी धर्म हो या कर्म
जीवन की यही कहानी है
मिली है ज़िंदगी जिसको
मौत तो उसको आनी है
तुम्हारा संग मिल जाए
रूह को रंग मिल जाए

जिया है जब तलक इंसाँ
उसने सब रंग अपनाए हैं
हरा, नीला, सफ़ेद, पीला
सभी ने युद्ध कराए हैं
मगर सोचो तो यह इक बात
कितनी अजीब लगती है
कोई भी रंग हो मज़हब का
मृत्यु श्वेत सजती है
तुम्हारा संग मिल जाए
रूह को रंग मिल जाए

आग्रह

आशा हो तो अपेक्षा होती है
अपेक्षा में निहित होती हैं संभावनाएँ
जो लाती हैं अवसाद
जीवन में अगर संभव न हो पाएँ।
अवसाद दुर्भावना और
क्रोध को जन्म देता है,
इनसे स्वयं को विलग कर देने से मानव
शांति, आत्मचिंतन
और मोक्ष का मार्ग लेता है।
हर श्वास के बाद
अगले श्वास की आस छोड़ दी जाए
हर कर्म के बाद
उसके फल की उम्मीद छोड़ दी जाए
हर भाव के साथ
आशाओं के बंधन की डोर तोड़ दी जाए
सांसारिक अपेक्षाओं की दिशा
ईश के प्रति मोड़ दी जाए
यही आग्रह हर प्रकार के
निग्रह को हटा सकेगा,
सर्वत्र शांति और सघन प्रेम की ज्योति जला सकेगा।

तलाश

तुम्हें ढूँढ़ता हूँ हृदय के प्रत्येक स्पंदन में
दृष्टि अंतरिक्ष को टटोलती है
अवसाद के बादल गरजते हैं
और कभी संवेदना में बरस भी पड़ते हैं।
सुना है इश्क़ की बुलंदी एहसासों की गहराई से तय होती है
पर मेरा इश्क़ तो न पर्वत सा है न समुद्र सा
वह तो उस घास की तरह है
जो पाषाणों के बीच भी उग आती है,
पीपल के बीज के समान जिसे स्नेहिल पक्षी
इधर उधर बिखेरकर भूल जाते हैं
क्या हमारे बीच की दूरी उम्र भर की है?
क्या किसी मंदिर या मज़ार पर डोरा बाँधकर
अपने रिश्ते की डोर को मज़बूती मिल सकेगी?
समय की ऊँची लहरों से नहीं डरता
हर सुबह ओस की बूँदों सा पुष्पों पर बिखरा मिलूँगा
हर संध्या में सूर्य के साथ डूबकर
प्रभात में फिर सूर्य के साथ उदय होऊँगा
और यह सिलसिला अनवरत चलता रहेगा
जब तक मैं सूर्य में समाहित हो
एक अग्निपिंड न हो जाऊँ

ख़ुशबू

किसी ख़ुशबू की तरह हो तुम
न दिखाई देते हो, न सुनाई देते हो
न स्पर्श में हो, न दर्श में हो
परंतु अपने चहुँ ओर
तुमको ही पाता हूँ,
तुम्हीं में समाकर
सुवासित हो जाता हूँ।
जब तक तुम्हारा एहसास न था
जीवन की क्षणभंगुरता का
आभास न था,
तुम मिले मुझसे
तो स्वयं से पूछा मैंने ...
क्या यह सफ़र का
अंतिम मील पत्थर है ?
क्या यही मंज़िल है मेरी ?
उद्गम है जीवन का अथवा उत्सर्ग ही ?
अप्राप्य की प्राप्ति है या केवल विसर्ग ही ?
प्रेम के प्रमाण की अब चिंता नहीं है,
प्रेम का परिमाण कोई गिनता नहीं है,
ऐ ख़ुशबू... तुम्हारी बात ही कुछ और है।

वटवृक्ष

घर के बाहर पिछली आँधी में
एक पेड़ गिर गया था,
कहते थे सभी सूख जाएगा यह
अब नहीं बच पाएगा।
परंतु उसकी जड़ें मज़बूत थीं,
वह गिर कर भी हरा रहा
फूल, फल और छाया देता रहा है।
पक्षी अभी भी उसकी टहनियों पर चहचहाते हैं,
दोपहर की धूप से बचने को
अनेक पशु अब भी उसकी छाया में आते हैं।
जिस वृक्ष ने मेरा पोषण किया
जिसकी छाया में मैं बड़ा हुआ
वो भी कुछ समय से लेटा हुआ है,
परंतु जब जब देखता हूँ उनको
उम्र का अपनी एहसास नहीं होता,
बैठता हूँ जब पास उनके लगता है
किसी वटवृक्ष की छाया में सुरक्षित बैठा हूँ,
घर से बाहर निकलने पर भय महसूस नहीं होता,
जानता हूँ कि वे हैं न घर पर,संरक्षक मेरे नीड़ के
मेरे सर की छत... मेरे पिता

आत्मसात

क्या मुखाग्नि देने भर से
नाता खत्म हो जाएगा?
क्या कपाल क्रिया करने से
मोह भंग हो जाएगा?

मिथ्या है जगत सब जानते हैं,
मोह के धागे दुर्बल नहीं
यह भी सब मानते हैं।
छह दशक का साथ निभाते हुए
तुम्हें कब आत्मसात कर लिया,
आभास नहीं हुआ।
मेरी शिराओं में प्रवाहित रक्त में
तुम्हारा स्पंदन कम नहीं हुआ।
तुम गए नहीं हो,
तुम यहीं मुझमें उपस्थित हो।
मैं स्व का एक भाग
आज अस्थियों के साथ
विसर्जित कर आया
और बाकी का बचाकर
तुम्हें अपने साथ ले आया।

उम्मीद

हमको जब तेरे आने की
आस हो गई,
दीवाली जो आम थी
ख़ास हो गई!

बहुत दिनों से सूना सूना
घर आँगन था मेरा
बहुत दिनों से लगा नहीं था
बिटिया रानी का फेरा
आने की आहट से उसके
चहक हो गई
घर में चारों तरफ़ उसी की
महक हो गई!

घर पर बैठे बैठे हम
दिन, महीने गिनते थे
कब मिल पाएँगे बिटिया से
मीठे सपने बुनते थे
आते आते यूँ जीवन की
शाम हो गई

घर घर में ऐसी बातें अब,
आम हो गईं!

था अँधेरा जहाँ वहाँ
अब प्रकाश हुआ है
उत्साह, आनंद, उमंगों से
अवसाद हुआ धुआँ है!
दीपोत्सव से रोशन
मेरी शाम हो गई
ख़ुशियों की दीवाली
बिटिया तेरे नाम हो गई।

अनय

तेरी मासूमियत के सदक़े
तेरी मुस्कान में है जन्नत,
बड़ी मुश्किलों से पाया
माँगी थी कितनी मन्नत।

तुझे देख लेने से ही
ख़ुशियाँ मिलीं अपार,
बाँहों में तुझे लेकर
सब कुछ किया निसार।

भोला सा तेरा बचपन
मस्ती में इसकी जी ले,
जीवन है विष का प्याला
अमृत के घूँट पी ले।

अठखेलियों में तेरी
मज़ा है ज़िंदगी का,
तिरे साथ गुज़रा हर पल
इनाम बंदगी का।

तेरे बोल तोतले से
कानों में जैसे आयत,
तिरे साथ खिलखिलाना
ख़ुदा की है इनायत।

अँगने में देखा डगमग
चलता हुआ जो तुझको,
बिसरा हुआ सा बचपन
फिर याद आया मुझको।

हैं नियामतें ख़ुदा की
घड़ियाँ सुकून की हैं,
हर घर में झूमती हों
दुआएँ मेरी यही हैं।

अंतर्द्रष्टा

बिना अधरों के हिले
मेरे अनकहे बोल सुन लेते हो,
मन में मेरे चलते हैं झंझावात
उन उलझनों को तुम गुन लेते हो,
नज़रों के झुकने, उठने के
सारे सबब जान लेते हो,
मेरी मौन स्वीकारोक्ति को
नि:शब्द पहचान लेते हो,
मेरी ज़िद, मेरा अभिमान,
सबको मान देते हो,
पृथ्वी, आकाश, जल और अग्नि
सभी की ऊर्जा को स्थान देते हो,
पूरे ब्रह्मांड को प्रकाश,
ऊर्जा और ज्ञान देते हो,
अंतर्यामी हो तुम
अंतर्द्रष्टा भी।।

नायक

नायकत्व यूँ नहीं आता
संयमित वाणी
वाक्पटुता
दूरदृष्टि
चातुर्यपूर्ण व्यवहार
विश्वसनीय मित्रों का साथ
ज़रूरी होता है।
और राजनीतिक नायकत्व
तो काँटों का ताज है
चौकस रहना होता है
निकटस्थ लोगों से भी
जाने कब, किसकी
महत्त्वाकांक्षा जाग उठे
इस सबसे परे,
त्वरित निर्णय लेने की क्षमता,
और सर्वहारा छवि के साथ
जन स्वीकार्यता भी ज़रूरी है
इन गुणों के अभाव में
नायक नहीं
कुछ और ही कहलाओगे।

था

तुम थे तो हाथों में हाथ था
तेरा साथ बसंत का साथ था..
तुम थे तो जीवन नियोजित था
तुम से ही सुख प्रायोजित था..
तुम थे तो अधरों पर हास था
तुम्हारे साथ हर पल मधुमास था..
तुम थे तो दिशाएँ सुगंधित थीं
तुम्हारे रहते निराशाएँ प्रतिबंधित थीं..
तुम थे तो जीने की उमंग थी
तुम से ही लहरों में तरंग थी..
तुम थे तो हृदय पतंग था
तुम से ही प्राणों में रंग था..
काश!
समय ठहरा रहता उसी काल में
न उलझते हम समय के जाल में..
बिछड़ गए नियति की क्रूर चाल में
तड़पता क्यों छोड़ा इस हाल में..

अब मुझे इस 'था' से
दिली नफ़रत है।

मौन शब्द

कैसे कह लेते हो वह सब!
कितने शब्द हैं तुम्हारे पास
हर भाव के शब्द,
प्रेम का श्रृंगार करते शब्द
विरह में बहते हर आँसू के शब्द
करुणा से द्रवित करते शब्द
वात्सल्य में पगे तुम्हारे शब्द
कभी क्रोध में रुद्र होते शब्द
तो कभी समर्पित होते शब्द
सारे बंधन नकारने को तत्पर
अद्‌भुत संसार रचते शब्द
कितने मुखर हो तुम!
मानो पूरे शब्दकोश के
स्वामी हो तुम,
और मेरे पास है सिर्फ़ मौन
अनंतरूपा मेरा मौन
फूलों सा महकता मौन
डालियों का लहराता मौन
सागर का गंभीर मौन
पर्वतों का आध्यात्मिक मौन

रात्रि सा अवसादग्रस्त मौन
हृदय का स्पंदित मौन और
आशाएँ जगाता इंद्रधनुष का मौन
व्यक्त शब्दों से कह रहा है
एक अव्यक्त मौन
मेरा अस्तित्व
एक मौन स्वीकृति है
तुम्हारे अस्तित्व की
तुम्हारे प्रेम, विरह, करुणा,
वात्सल्य और समर्पण के प्रति
समर्पित है मेरा मौन
तुम्हारे प्रत्येक शब्द की प्रतिध्वनि
मेरे मौन में निहित है
तुम्हारे नाद की
अनुगूँज मात्र हूँ मैं
मेरा मौन...
सुन रहे हो न!

प्रतिनाद

जब भी मेरे सामने कुआँ आया
मैंने तुम्हें पुकारा
मेरी आवाज़ लौटकर आई
तुम मेरी प्रतिध्वनि थे।

जब भी तुम्हें खोजने निकला
दसों दिशाओं में देखा
अंततः आईना देखा
तुम मेरी प्रतिच्छाया थे।

जब भी तुम्हें महसूस करना चाहा
लगा तुम यहीं कहीं
मेरे आसपास हो
तुम अंतर्मन में हो मेरे।

मैं स्वर तुम्हारा, तुम मेरे प्रतिनाद हो!

द्वंद्व

सुख और दुख
सिक्के के दो पहलू हैं,
तुमने सिक्का उछाला और पूछा
सुख या दुख?
क्या माँगूँ?
विचारों का द्वंद्व है।

जीवन के हर अंग में
निरूपित यह द्वंद्व है..
रात से है दिन का
अँधेरे से उजाले का
मृत्यु से जीवन का
दुख से सुख का
पीड़ा से आनंद का
पतझड़ से वसंत का
नकार से सकार का
युद्ध और शांति का
धूप और छाँव का
नियम और अराजकता का
अच्छाई और बुराई का

यह अनवरत चलता द्वंद्व है।

जीवन चक्र की धुरी है यह द्वंद्व
दोनों एक-दूसरे के पूरक हैं
दोनों के प्राकट्य से ही
बनता है संतुलन
प्रकृति का द्वंद्व
मेरे अंदर उतर आया है
मेरा अंतर्द्वंद्व है तुमसे,
और हार भी जाऊँ
तो भी मेरी जीत निश्चित है।

इंतज़ार

आसमान के चाँद सितारे
प्रेयसी की चुनरी की तरह
तुम्हें नज़र आते हैं,
मेरे लिए वे
निराशा के अँधेरों के
काले क्षितिज पर
आशा जगाते जुगनू हैं।
मेरी नज़र तुम्हारी नज़र
यकसाँ कैसे होगी?
तुम्हें इंतज़ार करना होगा
यह नज़ारा बदलने का।

संध्या

संध्या
रात और दिन के बीच पड़ा आवरण है,
मिलने नहीं देता दोनों को कभी।
अंधकार और प्रकाश के बीच का समयावकाश है..
जो रात के आगमन की
सूचना भी देता है और उत्सुकता भी बढ़ाता है।
पूर्वार्द्ध और उत्तरार्द्ध
के बीच का ज्ञानबोध है संध्या
जीवन और मोक्ष का मर्म
इसी ज्ञान के प्रकाश में मिलना तय है।
अपनी इंद्रियों को जगाए रखना मित्र
मेरा स्वर तुम्हें किसी भी क्षण सुनाई दे,
मेरा स्पर्श तुम्हें हर समय आभास दे सके,
मेरी दृष्टि तुम्हारे उत्थान पर केंद्रित होगी,
मेरा आलिंगन मोक्ष होगा तुम्हारा
निश्चित है, हम मिलेंगे अवश्य
संध्या फिर ढलने को आतुर है,
एक और दिन समाप्त होगा
एक और रात उतरेगी और
लाखों सूर्य इस ब्लैकहोल में समा जाएँगे।

संक्रमण

जीवन मुद्रा का अवमूल्यन हो चुका,
किसी भाव का सिक्का
चल नहीं पा रहा।
मानवीय मूल्यों का
क्षरण हो रहा
जीवन सस्ता साँसें महँगी हैं,
कुसमय का झंझावात है
भय व्याप्त है चहुँ ओर।

जाने कहाँ से, किस तरह
तुम्हारे सम्मुख मैं आ गया
भाग्य में लिखा था
तो स्पर्श तुम्हारा पा गया।
शरीर निष्क्रिय हुआ
पर आत्मा सक्रिय हो गई
मेरे मानस पटल पर
तुम्हारी छवि अंकित हो गई।

अब कोई आशंका नहीं रही
अंततः मैं संक्रमित हुआ तुमसे।

आश्वासन

दुष्यंत मिले शकुंतला से
प्रेम जताया, विश्वास दिलाया
उसने प्रसन्न होकर अपना सर्वस्व दे दिया
राजा ने वचन की अँगूठी को
शकुंतला के हाथ में थमा
राजमहल को प्रस्थान किया
जब उस अबला को
आवश्यकता हुई तो राजा ने
पहचानने से इनकार किया।

सदियों से यही होता आया है
हर शासक ने जनता को विश्वास दिलाया है,
और फिर उसे आश्वासन का झुनझुना देकर
स्वयं महल में आराम फ़रमाया है।
वह कभी होता नहीं आभारी
जब भी जनता को आवश्यकता हुई
पहुँचने नहीं देते दरबान और दरबारी।

और बेचारी शकुंतला आज भी
आश्वासन की अँगूठी खोज रही है।

कौर्वकी का दर्द

प्रथम न होकर
द्वितीय रह जाना
क्या होता है ?
हृदय पर क्या बीतता है
कैसा महसूस होता है
किसी की ओट में रहना,
क्या जाना है कभी ?
तुम पर गुज़रे तो जानोगे
प्रथम के स्थान पर
द्वितीय रहने की पीड़ा
कौर्वकी ने भोगा
इस दर्द को उम्र भर
देवी हो या तिष्यरक्षा
पद्मावती, असंधिमित्रा
कौर्वकी से अधिक प्रमुखता
इतिहासवेत्ताओं ने दी
सिर्फ़ इसलिए कि वह
राजपरिवार से न थी
परंतु उसने शिव होकर
गरल पिया था

द्वितीयता को भी
प्रथमा माना उसने
साथी को आराध्य मानकर
मन में प्रतिष्ठित किया उसको
हर कर्म में साथ रही
हर युद्ध में साथ लड़ी
उसकी लगन, उसका प्रेम,
उसका समर्पण अतुल्य हैं
प्रेम को प्रमाण की
नहीं होती आवश्यकता
न ही होता है कोई
परिमाण प्रेम का
तुम पूज्य हो कौर्वकी
एक शिलालेख पर्याप्त नहीं
तुम्हारे समर्पण को
अंकित कर सके जो
अशोक का सम्राटत्व
तुम्हारा प्रशस्तिपत्र है।

करवा चौथ

तुमने अपना सर्वस्य दिया
तब तुमको साबित क्या करना
जीवन ने इक दिन जाना है
फिर मौत से नाहक क्या डरना।

भूखा रहने से क्या तुम्हारे
यूँ उम्र मेरी बढ़ जाएगी
तुम क्यों डरती हो मृत्यु से
जब आनी होगी आएगी।
जब साथ हुआ हम दोनों का
तब नंदनवन का क्या करना
तुमने अपना सर्वस्य दिया
अब तुमको साबित क्या करना।

श्रद्धा से तुम व्रत रखती हो
नियम भी पूरे करती हो,
बिन पानी प्यासी सारा दिन
मेरी प्रतीक्षा करती हो,
तुम चाँद मेरा मैं चाँद तुम्हारा
उस चाँद का हमको क्या करना।

तुमने अपना सर्वस्य दिया
अब तुमको साबित क्या करना
जब मौत ने इक दिन आना है
उस मौत से नाहक क्या डरना।

खंड- 3

पिरामिड कविता

पिरामिड कविता अथवा आरोह-अवरोह कविता का प्रारूप यह है कि पहली पंक्ति में एक शब्द, दूसरी में दो और इसी तरह बढ़ते हुए नौ तक जाकर फिर शब्द एक-एक घटते हुए आख़िरी पंक्ति में कविता एक शब्द पर समाप्त होती है। इस प्रकार हर कविता 81 शब्दों की होती है। प्रयास यही रहता है कि हर पंक्ति अपने आप में परिपूर्ण हो और इस आरोह-अवरोह में कविता का मुख्य भाव बना रहे।

संगीत

संगीत
आत्मा का
सुना है कभी ?
गूँजता है हवाओं में,
हवन के धुएँ सा महकता,
पवित्र शांति की स्थापना करता है
श्वास डोर पर... प्रेमिल स्वरों की माला,
प्रियतम से मिलन की प्रार्थना भी, आरती भी
अनवरत, निरंतर प्रयास है आत्मा को समृद्ध करने का
नाद... यह विलीन होगा अनहद के नाद में
समाहित होगा पंचतत्वों में रोम रोम मेरा
यज्ञ की शुचिता सी आत्मानुभूति है
पोर पोर सामिग्री समग्रता की
प्रतिध्वनि तुम्हारे ओंकार की
स्वीकार करो मुझे
नैवेद्य स्वरूप
प्रभु !

अभिसार

तुम...
सामने हो,
दिखाई देते हो,
लगातार नज़र में भी,
फिर भी मिल नहीं पाता
पास रहकर भी दूरी की मजबूरी,
इच्छाएँ प्रबल हैं पर सीमाएँ बहुत मज़बूत
ज़िंदगी के बंधन आज़ाद नहीं होने देते मुझको
तुम ही कहो फिर कैसे समर्पित करूँ अपना सर्वस्व ?
कब तक चलते रहेंगे हम इस प्रकार समानांतर,
किस बिंदु पर मिलेंगी ये दोनों रेखाएँ,
क्या हम कभी अभिमुख हो पाएँगे ?
विचलित करते हैं प्रश्न सभी,
क्षितिज पर मिलन होगा,
प्रतीक्षा होगी समाप्त,
होगा हमारा...
अभिसार

आभासी

सुनो,
कब तक!
बताओ कब तक?
मैं बाट देखूँगी तुम्हारी
फुरसत जब मिल जाए तुम्हें
ख़ुद बुनी इस आभासी दुनिया से
और देख पाओ असली मेरे संसार को
जिसके आभास शायद अब तुम्हें छू नहीं पाते
पर वहीं हूँ मैं जहाँ छोड़ा था तुमने कभी
और पलट कर देखना सोच न सके तुम
तुम्हें देखते रहना नियति है मेरी शायद
खोए हुए अपनी दुनिया में कहीं
एक नज़र उठाकर तो देखो
मेरे इंतज़ार की शिद्दत
बाहर निकलो अब
दुनिया से...
आभासी

अनुरागी

डर,
क्यों लगे ?
समक्ष तुम हो
तुमसे कहना चाहता हूँ,
कुछ अनकहा जो कहा नहीं
फिर सोचता हूँ कुछ माँगूँ तुमसे
अपनों से माँगने में शर्म क्यों होगी
पर तय नहीं कर पाता तुमसे कैसे पूछूँ
मुझको सब तुमने ही तो दिया है बिना माँगे
भ्रमित हूँ, संबोधित करूँ तुम्हें किस तरह से
वंदन से, अभिनंदन से, या निवेदन से
तुम्हारा स्नेह और अनुग्रह अनमोल हैं
खोना नहीं चाहता कभी इनको
अपेक्षाएँ तुम से हैं
पूर्ति तुम्हीं करोगे
मेरे अनुरागी
प्रियतम !

संकल्प

समर्पण
अशेष मेरा,
उत्कर्ष अस्तित्व का,
अन्वेषण है अप्राप्य का,
संप्रेषण है समस्त भावों का,
मृत्यु पर्व में उत्सर्ग प्राणों का,
जीवन है हवन, आत्मा समिधा की सुगंध,
जीवन की व्यवस्थाओं पर लागू मृत्यु का अनुबंध,
सब खोकर भी, जाने क्योंकर इच्छा कुछ पाने की,
स्वाभाविक कथा मानव मन स्वार्थी हो जाने की,
मौन होकर मोक्ष इच्छा जाग्रत हो जाना,
स्पंदित जीवन का स्थिरता को पाना,
कैसे पूर्ण होगा दिवास्वप्न मेरा,
संभव क्या साक्षात तेरा,
इच्छा हो फलीभूत
समर्पित मेरा
संकल्प

मेरे चाँद

चाँद
हो तुम
मेरे आसमाँ में
रोशनी है तुमसे ही,
रोशन हैं रास्ते ज़िंदगी के
हटाकर मेरे पथ के काँटे तुमने
अपनी अँजुरी से फूल बिखेरे हैं सदा,
तेरे आँचल तले थकन को चैन मिला है
तेरे साथ से मिली हौसलों को हिम्मत की अदा
सप्तपदी से आजतक हर पग संग हो तुम,
मेरे अपूर्ण जीवन का पूर्णांश हो तुम
हर ख़ुशी की मंज़िल तुमसे मिली,
कली दिल की तुमसे खिली
जबसे मिला हाथ तेरा,
इच्छाएँ हुईं परिपूर्ण
ख़ुदा गवाह
मेरा

निष्ठुर

सुनो,
ध्यान दो
तुमने सुना कभी
मेरी ख़ामोश बातों को
चुप सी मेरी सिसकियों को
आकाश से टकरा कर गूँजती चीख़ें
दर्द सहते सहते बेदर्द हो गया मैं
संबोधन मेरे शून्य को प्रेषित हो जाते अब
फूलों पर बिखरे मेरे अश्रु क्या तुम्हें दिखते नहीं
भावों को प्रश्रय नहीं मिलता कहीं भी तुमसे
संवेदनाएँ अब रहने लगी हैं कुंठित सी
अपनी जीवंतता पर हो रहा संदेह
अंतिम सोपान तो आ पहुँचा
दृष्टिगोचर नहीं अब भी
बने रहोगे निष्ठुर
क्या यूँही
तुम

तालिब-छात्र

सुनो!
अपना जादू
ज़रा सिखाओगे मुझे
नज़र आए बिना भी,
ज़ेहन में छाए रहते हो
बिना दिखे कैसे आकर्षित करते हो?
क्यों महकती है ज़िंदगी तुम्हारे नाम से?
क्यों यह एहसास कि तुम नज़दीक हो कहीं
क्यों यह संशय कि तुम्हें मिल पाएँगे भी क्या
क्यों भटकते हैं तुम्हारी तलाश में हर तरफ़
अपने मन में झाँकने का हुनर सिखाओ
इश्क़ का अपने माहिर कर दो
तालिब ए इल्म हूँ तुम्हारा
वो जादू दो मुझे
सुकून देगा जो
रूह को
मेरी

जलभीरु

मैं
जलभीरु हूँ,
भयभीत पानी से
विशेषतः उन लहरों से,
जो दौड़ती साहिल की ओर
और अपना अस्तित्व बिखरा देती हैं
पोर पोर भिगोती हैं किनारे दूर तलक
उनका प्रेम एक उन्मादी तूफ़ान सा होता है
जिसे कोई बाँध या बंधन स्वीकार्य नहीं होता है
भीग तो चुका पहले, परंतु नेह से तुम्हारे
समर्पित हूँ समाहित हुआ हूँ तुझमें ही,
धरती पर बरसते हुए मेह सा
इच्छा है भीग जाऊँ इतना,
मोह क्रोध दंभ लोभ
गल जाएँ इसमें
रह जाऊँ
एकाकी!

तुम्हारे पदचिह्न

प्रभु!
मैं अनुगामी
प्रयास करता हूँ
चलूँ पदचिह्नों पर तुम्हारे
संतुष्ट रहता हूँ इस प्रकार
सुरक्षा का आभास भी रहता है
नए पथ पर चलना भयभीत करता है
समय की रेत पर तुम्हारे क़दमों के निशान,
एक निश्चित दिशा दिखाते हैं मेरे भ्रमित अंतस को
और मैं बिना विचारे अनवरत चलता रहता हूँ,
क्योंकि विश्वास है मुझे कि तुम मिलोगे
जहाँ भी कहीं तुम रुकोगे तनिक
मैं पहुँच जाऊँगा तुम तक
तुम्हारे पदचिह्नों पर चलता
मिल जाऊँगा तुमसे
मैं अनुगृहीत
तुम्हारा

जीवन बस इतना

जीवन
क्षणभंगुर है,
सुनते आए यही
भूल जाते हम बारंबार
तुमसे है आरंभ यात्रा का
समापन भी यात्रा का तुम्हारे हाथ
क्षणिक आनंद की इच्छा भ्रमित करती है,
भटकाती है परमानंद के पथ से हमारा मन
अप्सराएँ जैसे तत्पर हों तपस्या भंग करने को हमारी
नियंत्रित रखना होगा मन को विवेक के अधीन
ज्ञान आलोकित करेगा हमारा पथ, लक्ष्य तक
तुम्हारे सान्निध्य में निष्कंटक होगी यात्रा
स्मरण रहे बस लघुता इसकी,
श्वास से श्वास तक
जीवन इतना ही
जीना है
बस

नाराज़गी

तुम
नाराज़ हो
रूठे हो मुझसे
बात क्यों नहीं करते ?
मेरी आवाज़ भी नहीं सुनते
या अनसुनी करने का प्रयास है
विनती करता हूँ तुमसे, सुनलो एक बार
फिर कभी परेशान नहीं करेगा तुमको कोई आग्रह
मेरे रात, दिन, सुबह, शाम तुमसे ही सँवरते रहते
और कौन सँभालेगा मुझको, जिसको कह सकूँ मैं
तुम्हारा आश्रय संबल है मेरे जीवन का
जीवन का हर पल समर्पित तुमको
तुम्हारा संग मेरा रंग बने
प्रेम से परिपूर्ण करदो
और मिलो मुझसे
प्रसन्न होकर
सदा

प्रतीक्षा

प्रतीक्षा
एक शब्द,
गर्भ में जिसके
निराशा का भाव है
परंतु मुझे प्रतीत नहीं होता,
जब भी प्रतीक्षा तुम्हारी होती है
क्योंकि बाँध ली हैं तुमसे सारी आशाएँ,
और जितनी भी हैं इस जीवन की आकांक्षाएँ,
तुम्हारे संसर्ग से ही मेरा अस्तित्व समृद्ध हो पाएगा
हृदय की हर आशंका का समाधान हो जाएगा
केवल हम होंगे, कोई मध्यस्थ न होगा
क्षण एक ऐसा भी उपस्थित होगा
आलिंगनबद्ध होंगे हम, और तब
मैं... तुममय हो जाऊँगा
समय ठहर जाएगा,
समाप्त होगी
प्रतीक्षा

ओझल

तुम
ओझल हो
नज़र नहीं आते
विश्वास फिर भी है,
तुम हो सदा मेरे साथ
एहसास तुम्हारा हर पल रहता है
तुम्हारा प्रेम हर तूफ़ान का किनारा है
हर अग्निकुंड से निकलना है मुझे कुंदन होकर
तुम्हारे चरणों में अर्पित होने की अर्हता मिल पाए
इस जीवन का संघर्ष ताकि सफल हो जाए
तुमसे मिलूँ सत्य के पथ पर चलकर,
किसी कारण भी नयन न झुकें,
धन्य हो सकेगा अस्तित्व मेरा
गर्वित होगा समर्पण मेरा
ओझल रहो चाहे
साथ रहोगे
तुम